佛光會

從度化非洲有史以來的第一批出家僧眾，到接引台灣百萬在家信眾，星雲大師是一位心胸開闊、慈悲喜捨的地球人，也親身實踐了佛門「同體共生」的大愛。（左下：陳志銘攝）

遠眺近觀，
整個佛光山建築與地理環境
的配置一氣呵成，
誠所謂「一花一世界，
一葉一如來」。這些都是
出自星雲大師的「眞空生妙有」。

四十年來廣結善緣滿天下，星雲大師對政商界人士誠意相待，在文化藝術界更有許多相知相契的朋友（右圖為星雲大師與國畫大師張大千的珍貴合影）。

（上：曾增勳攝）

每個人都是自己命運的建築師。身為中興教運，以教為命的佛弟子，星雲大師義無反顧走出前進的人生；作為一個平凡又不平凡的和尚，他又表現出了敦厚忘我後退的人生。

（左上：鄭耀基攝，左下：黃明偉攝，左頁：陳志銘攝）

佛在心中，道在脚下。星雲大師經常趕場演講、會客、開示、主持會議……，爭分奪秒，一刻不得喘息。他說：「替衆生服務，滿衆生所需，解衆生苦難，忙，就是修行。」

（右、左下：陳志銘攝）

開創美國西來寺（左圖上）、催生佛光大學（左圖下）……，星雲大師有著恢弘堅毅的氣度；但在九十四歲高堂老母面前，卻不過是個曲意承歡的孝順兒子。

（上：符芝瑛攝，左上：陳志銘攝，左下：楊文卿攝）

（包中強攝）

妙因淨果

星雲
一九九四年
九月佛光山

Handing Down the Light

—The Biography of Venerable Master Hsing Yun (暫譯)

by Chi-Ying Fu

社會人文66

傳燈

—星雲大師傳

符芝瑛 著

封面設計／吳毓奇

燈燈相續照大千

星雲

走過人生近七十載歲月，我一直只是個以「弘法爲家務，利生爲事業」的平凡和尚，不論環境如何改變，始終深慶自己能蒙十方佛恩及眾生善緣眷顧，點點滴滴完成出家人神聖的使命。近年來，承多位文友關切，陸續寫過不少有關我生平經歷的文章、書籍，其中或有鼓勵讚美，或有批評責備，我均不甚著意；無論出於善意或無心，都當作是我學佛修行、作人處事的參考借鏡。

幾年前，有幸結識天下文化出版公司的一羣朋友，十分投緣。他們在社長高希均教授領導下，懷抱熱誠理想，兼具高度專業精神及專業能力，令我印象深刻。因此，當「天下文化」表示想替我出版傳記時，我立刻就欣然同意了。

負責爲我寫傳的是主編符芝瑛小姐，與她一起工作近兩年，我愈來愈相信自己所託得人。她謙虛中不失獨立思考，積極但不咄咄逼人，非常技巧的引領我回顧敘述平生經歷，另外在資料蒐集、研究上也很用功。初次捧讀書稿時，發現她頗能捕捉我性格、思想、精神上的特質，並以流暢清新的文字表現出來。其實我這關還算容易通過，難得的是佛光山幾位大弟子看了之後，也都一致肯定。

在歷史長河中，個人所留下的足跡或許微不足道，我一介僧侶之所以願將自己的生活、工作、信仰、所思所感、所見所聞，真真實實、原原本本的呈現於讀者之前，除了希望能爲佛教徒提供一條學佛修行之道，更希望以我的心路歷程、人生經驗奉獻給社會大眾，互勉互勵，一同來息滅紅塵的喧嚷紛爭，點亮眾人的心燈，建立歡喜融合的人間淨土。

感謝「天下文化」及符芝瑛小姐爲此書所付出的努力。最後，虔誠祈求三寶慈光加被，祝福所有讀者身心健康、吉祥如意！

一九九四年十二月於台北道場

佛光世界

集改革、創意、教育於一身的星雲大師

高希均

㈠

「血液與大眾分不開，脈搏與羣眾共跳躍。」

是三黨競選時的政治承諾？
是對一本暢銷書的推薦？
是稱讚一位年輕歌星的草根性？
是描述醫師對病人的關懷？
四者全錯。這二句話是星雲大師談到推展佛教時，對弟子的嚴格叮嚀。
面對具有這樣普及性，而又有親和力的自我要求，以「給人信心、給人歡喜、

給人方便、給人希望」爲宗旨的「人間佛教」，就像春風一樣，誰不受到它的照拂？

㈡

到現在，我還沒有宗教信仰。但是，對懷有宗教信仰的人，我一直很羨慕。深盼自己有一天能水到渠成的變成一位信徒。

近年來，自己十分幸運有機會得以親近星雲大師。每次聚面，從不敢向他請教佛理，但環繞的話題：如社會風氣、生活倫理、教育制度、媒體影響、兩岸關係等等都是他所提倡的「人間佛教」、「生活佛教」的範疇。一問一答之間，獲益匪淺。每次辭別，總是覺得，如果他是一位大學教授，學生一定能從他說理周延與旁徵博引之中，獲得舉一反三的啓示。

這些年來，對星雲大師是仰慕多於了解。對他的了解主要來自每期爲《遠見》寫的專欄與《普門》雜誌刊登的《星雲日記》。從這些文字中，他所提倡的理念，可以立刻引起共鳴，令人油然而起崇敬之心；但對他推展佛教的艱辛歷程，則幾乎一無所知。

在內心深處，總想了解：

● 星雲大師如何以其智慧，把深奧的佛理，變成人人可以親近的道理？

●星雲大師如何以其毅力，再把這些道理，變成具體的示範？

●星雲大師又如何會有這樣的才能，把龐大的組織，管理得井然有序？

●星雲大師又如何會有這樣的胸懷，在五十八歲就交棒，完成佛光山的世代交替？又如何在交棒之後，再在海外另創出一片更寬闊的佛教天空？

●最後，星雲大師又如何以其願力、因緣、德行，總能「無中生有」，把佛教從一角、一地、一國而輻射到全球。

所有這些想知道的過程與細節，現在終於有了一個較完整的解答。

㈢

「天下文化」主編符芝瑛小姐所寫的《傳燈——星雲大師傳》，描繪出了一位全方位的星雲大師。

從二十一章、十三萬字中，作者以清晰的架構、流暢的文字、親切的例子，以及第一手國內外的採訪，讓識與不識者，真正了解到星雲大師是如何從苦難之中，一步一腳印，開拓出精神象徵的佛光山與無遠弗居的人間佛教。

細讀這本傳記，可以歸納出星雲大師在三方面的偉大：

●一位果斷的、身體力行的宗教改革家。

●一位慈悲的、普及佛理的創意大師。

●一位博愛的、宗教生活化的教育家。

改革來自他的決心、創意來自他的用心、教育來自他的愛心。廣義的說，集決心、用心、愛心於一身的星雲，既是一位人人可以受益的佛教大師，又是一位影響深遠的社會教育家。

(四)

我深信：「觀念可以改變歷史的軌跡」；現在，更深信：「宗教信仰可以改變人生」。這本傳記中記述星雲大師的點點滴滴，就是改變人的一生的動力。

大師一生所提倡的「人間佛教」、「生活佛教」，不僅已經改變了無數海內外中國人的人生，也一定會改變中國歷史的腳印。

隨著國際佛光會的散布全球，星雲大師還有更長的路要走，更多的佛理要講。雲遊四海之際，正如作者所形容：

僧鞋踩過，留下步步蓮華；
衣袂揚起，揮灑佛國淨土。

一位有心的揚州和尚，穿越了台灣四十年的時光隧道，開創了一個無限的佛光世界。

這真是一個超越經濟的台灣奇蹟。

一九九四年十二月，台北

（本文作者為天下文化出版公司創辦人暨社長）

寫在《傳燈——星雲大師傳》出版前

符芝瑛

離開學校十餘年，有幸一直從事自己熱愛的文字工作：記者、編輯、後製作召集人、主編……，卻從沒想過要寫書。

佛門所說的因緣是何等奇妙！

六年前任職《遠見》雜誌時，因爲一篇人物專訪而與星雲大師結緣。兩年前，天下文化出版公司策畫了一系列當代人物傳記，同仁一致認爲應極力爭取出版星雲大師的傳記，我也意外得到生平第一次寫書的機會。當大師慨然允諾，開始著手之後，才陸續聽說，多年來早有一些學養、文筆俱佳的前輩曾要求爲大師寫傳，誰知道這份因緣竟會落到一個初生之犢頭上。

接下來一起工作的六百多個日子中，我一個紅塵俗人，對佛學、佛理幾乎一竅不通，大師都能寬容體恤；而新聞記者的訓練又使我處處好奇、事事發問，大師也知無不言、言無不盡，信手拈來都是動人心弦的美麗樂章。

原本揣臆，替一位當代、在世的大人物寫傳記，恐怕難免有某種程度的束縛，大師卻給了我絕對的信任及發揮空間，在他威儀莊嚴的外表下，我日益感受到的是一顆坦蕩心、清淨心。

這本傳記的取材主要包括以下幾方面：

一、第一手訪問大師十九次，每次二～三小時。累積九十分鐘錄音帶三十二卷。

二、側訪大師的親屬、師長、弟子、信徒、朋友、佛教學者、宗教界人士（佛教及非佛教）、媒體記者等中外人士共三十八位。

三、文字資料：大師著作十九種，演講集四大册、日記全集、信札、筆記、剪報（國內部分自民國五十七年開始，國外則包括香港、美國、德國的報刊雜誌）、《普門》雜誌、《佛光世紀》、《覺世》旬刊等。參考書目計《高僧傳》、《台灣的佛教與佛寺》、《禪宗與道家》、《佛光大辭典》等十餘種。

爲鮮活捕捉星雲大師的精神與生活面貌，除了數度造訪高雄佛光山及台灣各別分院、所屬事業單位；採訪足跡還跨海延伸至他的故鄉江蘇江都、出家地南京棲霞山寺，以及美國、香港、柏林等地。舉凡他演講、弘法行腳、巡視參觀、接待賓客、主持會議、上課開示、會見信徒、和家人親友相聚……，我都在旁細細觀察體驗。也因為如此，去年夏天隨他去全省參訪途中，大師笑著打趣我說：「你很有慧根（會跟）喲！」

身為海內外聞名的一代宗師，開創領導全方位的佛教事業，星雲大師的地位、事功其實早已普受肯定；然而這本書並不想塑造一位高高在上、道貌岸然的傳奇人物。我嘗試用淺白曉暢的筆法，著重於這位生活哲學家的言行、思想、精神、性格，完整呈現一部忠實紀錄。透過此書，讀者將不只看到一位成功者的奮鬥歷程，更能深刻攝受於他的智慧與生命熱力。

雖然主人翁是一位出家人，但本書儘量避免濃厚的宗教色彩，也絕不是僅為佛教徒而寫的。內容鋪陳上力求大眾化、可讀、生動、具啓發性；希望促發大家去觀照省思自己的真如本性，找到人生長河的清澈源頭。

之所以將本書命名為「傳燈」，主要有兩層意義。其一，佛陀的教化如明燈，傳承到星雲大師手中，更加發揚恢弘，普照世界六大洲；其二，當此混沌亂世，人心茫盲，期待星雲大師的志行典範能成為一盞高懸華燈，傳遞慈悲喜捨、惜福結緣、慚愧感恩的光明訊息。

近兩年來，我四處奔波採訪，日夜顛倒爬格子，非常感謝年邁雙親，把無盡的關懷給了女兒，以及女兒的女兒；更要感謝親愛的另一半對我的包容，沒有他的支持，這項工作很難完成。

謹以此書獻給世間有情眾生。

傳燈——星雲大師傳 目錄

第五部　佛光普照 241

第六部　乘願再來 295

附錄

第一部

宿世佛緣

十二歲那年，母親領著他到南京打探父親的下落。
巧遇一位棲霞山寺的知客師父，問他願不願意作和尚？
星雲直覺的答應：「願意！」
這兩個字竟改變了他此生的命運。

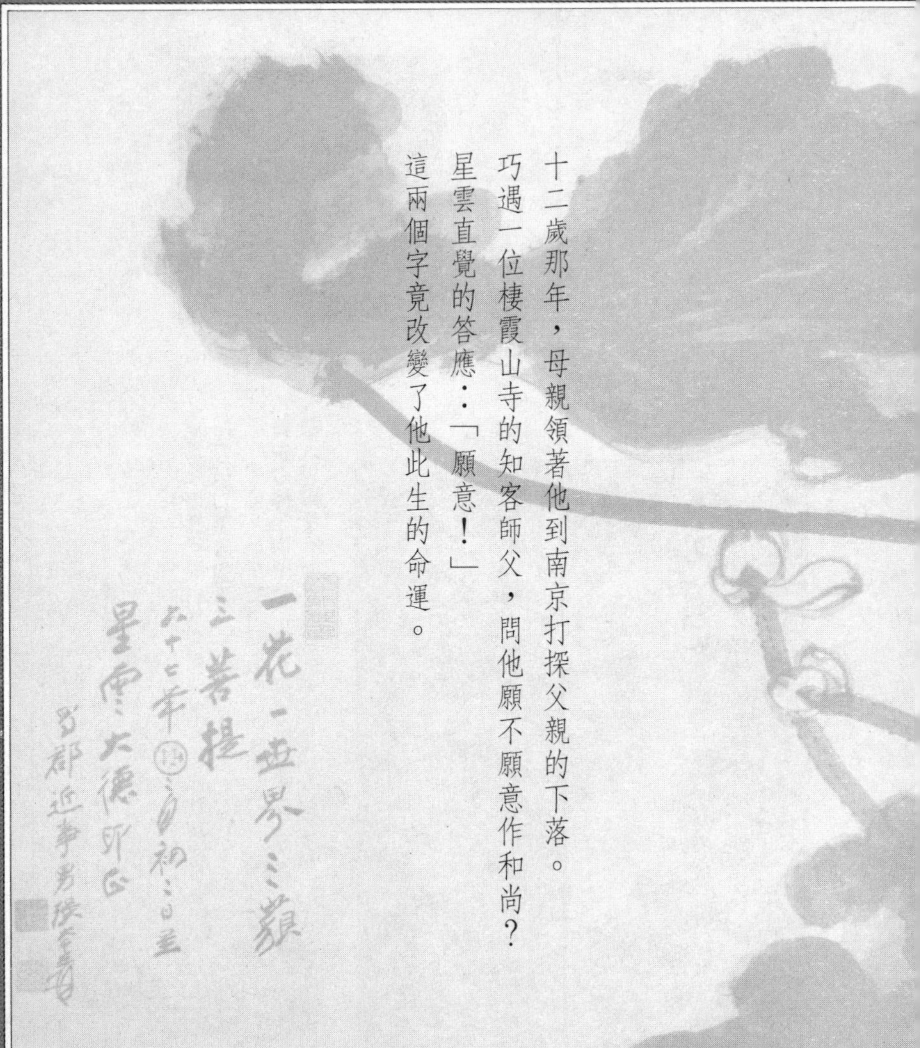

上：就讀焦山佛學院時的星雲，是一位沈默寡言，但很用功讀書的青年。

左：二十多歲，是星雲熱切吸收知識養分的黃金歲月，也形成了他「以出世精神，做入世事業」的思想體系。

江蘇江都縣，靠近仙女廟的一幢青磚院落，是星雲的出生地。

（符芝瑛攝）

上：星雲與高齡九十四歲的母親、大哥（右二）、大姐（左二）及三弟（右一）分離四十餘載後，留下這幀彌足珍貴的合照。

左上：六朝勝蹟棲霞古寺，星雲在這裏出家，也在這裏度過了二千多個晨昏。（符芝瑛攝）

左下：星雲就讀棲霞山時所親近的師長。右起合成、大本、融齋、覺民、志開（星雲的師父）、峻嶺等諸上人。

棲霞古寺
千佛名藍
六朝勝蹟
江蘇省佛教協會
中國佛学院栖霞山分院

老奶奶對佛光山信徒大衆朗朗而談：「大家對我這麼好，我老太婆沒有東西給你們，我只有把我的兒子送給大家。」

第一章

嘹亮嬰啼，諸佛歡喜

初春三月，鶯飛蝶舞，桃李爭豔，點綴江南新綠。由人文薈萃的古城南京車行三小時，即進入揚州地界。

揚州古來即負盛名，遠在大禹治水的商朝，就是九州之一；從隋煬帝開鑿大運河，又成爲南北經濟文化的要道。揚州位於長江口，風光明媚，景物怡人，吸引了歷代騷人墨客駐足流連。清朝乾隆皇帝更有六遊江南的雅興。李白送孟浩然去廣陵時描寫：「故人西辭黃鶴樓，煙花三月下揚州，孤帆遠影碧空盡，惟見長江天際流。」揚州的秀麗超塵可見一斑。

自中國大陸改革開放之後，蒙鄉親中共國家主席江澤民關照，揚州一帶這幾年的發展突飛猛進，潛力無窮。

故鄉江都人傑地靈

出揚州約四十分鐘車程，有一淳樸寧靜的縣分，名喚江都。這裏本非遊覽名勝，也非交通要塞，卻因爲哺育了一位舉世聞名的宗教界重量級大人物，而透露人傑地靈之氣。

佛光山星雲大師的老家就在這裏，靠近仙女廟西的一幢青磚院落。

民國十六年農曆七月二十二日，經營一片小香燭鋪的李家傳出一聲嘹亮嬰啼，這是家中的第二個壯丁，之前已有一兒一女。

與哥哥姐姐不同的是，這個命名爲「國深」的孩子，還未落地就現出種種「異相」。

今年九十四高齡，身體硬朗、精神矍鑠的老奶奶劉玉英女士，到現在仍清晰記得當年情狀：

「我要生你們師父的時候，曾夢見一個小金人在我床前翻東找西，都不講話。我就問道：『喂！你在找什麼呀！』

旁邊有一位白髮老人就說：『他在找稻穗！』

『我的床鋪下都是乾的稻草，怎麼會有稻穗？』話才剛說完，那個小金人就真的抽出一支稻穗來。

白髮老人接著說：『這稻（道）穗就是會結果。』」

奇怪的事還在後頭。這個胖小子一生下來「臉是半邊紅的，半邊白的」，在鼻唇之間的人中部位，有兩條細細的紅線。「李成保家裏生了個妖怪」的傳言立刻在鄰里間不脛而走。爲了不驚嚇鄰居親友，母親多半時候都用根繩子把這個兒子栓在家裏。好在這些相貌上的不尋常在他兩、三歲的時候，就逐漸消退了。

就這一顆李子紅

對於這些帶有「神話」色彩的故事，星雲自己已全無印象，當母親津津樂道，他也只是盡人子本分，坐在旁邊微笑聆聽。別人傳述時，他既不否認也不掛懷。

時光倏忽大半個世紀，如今江都那幢老房子已翻修得軒敞潔淨，一樓一底，跨院天井，住著弟弟國民一家人。信步走在仙女廟附近的利民橋上，望著已汙淤的運河道，咀嚼老奶奶的憶述，似乎她當年早已預感到這個兒子日後會有一番不平凡的際遇。

「那時家中用品要靠擺渡到對岸去買，中日戰爭時，沒有人肯爲賺一毛錢而冒生命危險去擺渡載客。那時你師父才十歲，衣服脫下往頭上一紮，就下水。那運河水很急，很少有人敢下去游泳，可是你師父每次都能把家裏需要用的東西買回來。大家都說這二小子不簡單，李家樹上的果子，將來就看這一顆紅。」

最難或忘外婆恩

在星雲自己心中，這些「英勇事蹟」都微不足道，那位不識字卻能背誦「金剛經」琅琅上口，茹素超過半世紀的外婆王氏，才是童年歲月中最難或忘的。

多年前一次佛學研討會上，星雲大師這樣追憶他的外婆，以及他自己如何在三、四歲略懂一些人事開始，就受到濃厚的宗教薰陶：「我的外祖母十八歲就開始茹素……，每天清晨起床就做早課，她原本目不識丁，但是卻能背誦阿彌陀經、金剛經等經文。……我和姐姐從小受到外婆的影響，三、四歲時就和姐姐比賽持齋。當時年幼無知，不了解中國佛教之所以注重素食的道理，只是爲了討外婆的歡喜罷了！」

「我的童年，是和外婆同住的。每到半夜三更時分，她常起床靜坐、盤腿、息肩、結跏、止息。打坐時，肚子就發出翻江倒海似的嘩啦嘩啦的聲響。雖然是童稚貪睡的孩子，仍經常從夢中被吵醒。於是就問：『外婆，您肚子的叫聲怎麼如此大呢？』『這是功夫，是修練以後的功夫。』外婆回答。」

也因爲外婆篤厚的宗教信仰，年幼的外孫常黏著姐姐隨老人家到附近寺廟參拜、禮佛。每次到廟裏拜拜，外婆都不忘將上供的供品拿回來給孩子吃，因此自小就結下佛緣。

受外婆影響，家中偶爾也會供養一些法師，在那個戰禍頻仍、亂象四起的年代，見到出家人袈裟飄逸、法相平和莊嚴，受到大眾百姓的尊崇敬仰，他幼小心中不禁油然生出「作和尚很好呀！」的念頭。

由於外婆她老人家勤儉、慈悲、人格高潔，星雲一生中最崇拜也最掛念的就是外婆。他當和尚之後，曾於二十歲那年回鄉探親，與外婆坐在大樹下話家常，外婆邊做針線活邊交代自己百年之後的事，希望由這個出家的外孫來料理。

不幸，兩年之後神州變色，那是他們祖孫最後一次見面。外婆去世時他身在台灣，訊息隔絕，也無法依照承諾處理老人家的身後事。與外婆感情深厚的他，對此時時抱憾在心。近十幾年來，他經常寄錢回鄉孝敬三位舅父，也是爲報外婆恩情於萬一。

自小顯現佛性

雖沒有祖上顯赫家世、萬貫錢財，但星雲很感謝從父親那裏遺傳了和平忠厚，母親則給了他俠義、正直的性格，加上外祖母慈悲薰化，讓他一生受用無窮。

在手足之間，星雲從小就和長他三歲的大姐素華感情最親密融洽。雖然經過四十多年骨肉乖隔，近些年也聚少離多，但談起幼年時節的種種，大姐話語中仍流露出姐弟情深、摯愛溫馨。「他從小就和我們其他小孩子不一樣。」在大姐記憶中，弟弟從未和玩伴爭吵打架。三歲多時，糖果罐都拿不動，就用拖的拖到院子裏，招呼左右鄰居的小孩來吃糖。大家都笑李家養了一個「傻子」，只知道把東西送給人。

一邊說著童年點點滴滴，大姐邊體會出弟弟從小就已顯現出佛性，出家或許是前世因緣。

五歲那年，一向喜歡小動物的二弟看見一羣被雨淋濕的小雞，擠在一堆瑟縮發抖，於是把牠們一隻隻抱到燒柴的灶門口去烘乾。其中有一隻驚慌掙扎跑進灶裏，連忙救出來，小雞的下喙已被火燒掉了一半。小男孩自此對這隻小雞格外用心照顧，爲了怕牠沒有下喙吃不到米，特別在土裏挖一個小孔，把米倒在孔裏餵牠。後來這隻雞健康長大到能夠下蛋。

另外一件令大姐記憶深刻的事是，有一個歲盡冬殘的夜晚，大家圍著火爐講故事，長輩提到人間的苦難，主角是一位白鬍子老公公，住在深山裏又窮、又病、又餓……。故事還沒說完，弟弟不見了，原來他躲在桌子底下爲老公公流淚呢！長輩告訴他故事是虛構的，他不信，晚飯也不吃，說是要拿去給老公公吃。家人擰不過他，只好帶他去找外公，把飯送給外公吃後他才安心回家。

去年，知道弟弟要回家，大姐素華帶著二兒一女，遠從夫家廣西柳州坐了四十八小時的硬座火車，趕到南京來團聚。

坐在弟弟爲母親養老而置的新居庭院中，自嘲爲鄉下老太太的大姐，皺紋底下依稀可尋當年的清秀美麗。去過美國西來寺，也訪過佛光山的她，雖知道弟弟已是舉足輕重的大人物，但在她心版上，永遠鑲嵌著那位白胖可愛、笑起來有兩枚酒窩的二弟。

母親是智慧啓蒙師

李家落籍的蘇北地方，社會經濟條件貧困，「風掃地，月點燈」的窮門破戶不在少數。一般賴以維生的，幾乎都是以體力爲主的行業，讀書僅是少數富紳子弟的專利。星雲家道勉強算小康，但仍沒有太多餘錢送孩子去接受正統教育，在八歲入私塾讀書之前，開發他智慧的啓蒙師竟是本身並不識字的母親。

李老太太年輕時身體虛弱，經常纏綿病榻，孝順的二兒子爲了替母親解悶，經常在床前讀誦揚州民間流傳的「七字段」（題材以神話、俠義、歷史為主，每七字成一句）。如果讀音錯了，母親便糾正他。日積月累下來，認識了許多字，培養出閱讀興趣，也增長了忠孝節義的觀念。事過境遷多年，「水滸傳」中梁山泊一百零八條好漢的名字和特徵，他都還能如數家珍的背出來。

上了私塾之後，地方上因爲鬧土匪，接著逃日本鬼子，兩、三年間只斷斷續續背了一些大學、中庸，沒想到這就構成了他一生學校教育的全部。

嚴格的說，他一生中沒有上過一天正統學校，沒有領過一張正式的畢業文憑，然而幾十年來從他手中發出的畢業證書不知凡幾。他雖未進過大學，但西來大學、佛光大學都是在他主導下開辦；更得到美國洛杉磯東方大學頒發的榮譽博士學位。他的弟子是中國佛教史上平均教育水準最高的一羣；多少出身哈佛、柏克萊大學的現代知識精英也都皈依座下，恭敬的喊他一聲「師父」。

一點也非僥倖，星雲憑自己的努力，戰勝了蘇北地瘠民貧文盲社會的宿命。

骨肉乖違半世紀

自入佛門那一天起，星雲即是跳出三界外的出家人，大我的多情奉獻給芸芸眾生；然而，骨肉至性總難割捨，尤其是對高堂老母的思念。在兩岸消息阻絕，母親生死未卜的期間，他自己從不過生日，因爲生日即是母難日，每年那一天，總是晨起獨自在佛前靜靜的上香誦經，將功德回向給母親添福添壽。自透過在美國西來寺的慈莊法師與母親輾轉聯絡上以後，知道母親健在，他六十歲生日那天才特別舉行了「報恩慶生大法會」，邀請那年也是六十歲的僧俗大眾千人共同慶生，「以天下父母爲父母，以天下同年人爲兄弟姐妹」，將佛門孝道精神發揮到極致。

兩岸開放探親之後，他先後接母親到日本、美國和台灣團聚。在西來寺，他和母親一同過農曆年，這是五十年來，也是出家之後第一次母子一同過年。慈母的懷抱，永遠是兒女的天堂。

骨肉乖違四十多年，他思母情切，母親也的確爲他吃了不少苦頭。文化大革命期間，她日夜勞動，每月只有人民幣十一元的工資，因爲兒子在海外，家裏被畫爲黑五類，連一張照片都不敢留。最緊張的時候，她被抓去好幾次，每次都是日夜盤審：「你兒子到哪裏去了，坦白從寬，抗拒從嚴。」

總算熬過了苦難。難爲星雲披了袈裟事更忙，一個弘法利生、雲遊四海的出家人，無法經常陪侍高堂，但並未疏忽奉養母親的責任。除了拜託大哥、弟弟代盡孝心，照顧老人家無微不至；母親喜歡打麻將，他還自掏腰包，每個月付薪水，請三位老鄉親每天陪母親打麻將消遣。

去年春天，他由高雄轉香港，一路捧著蛋糕、壽桃、壽麵、鮮花，帶著親近徒眾回鄉探親，專程爲母親賀壽。老太太牽著兒子的手喃喃訴說：「爲了想你，眼睛都哭爛了！」這位威儀的大和尚親自餵了母親一口蛋糕，幾十年思念之苦，千言萬語的離情，都化入一舉手、一抹笑之中。

將愛兒獻給眾生

今年九十四高齡的老奶奶，一生經歷過清朝、辛亥革命、建立民國、北伐統一、對日抗戰、國共鬥爭、文化大革命，乃至兩岸關係解凍、交流頻繁。雖不識字，卻如同一本活的歷史寶典，走過近百年的大時代風潮，言行中充滿了啓人哲思。有一年在美國西來寺，兒子陪著她在庭院外散步。清晨空氣帶些溼，略感清涼。當散步到寺門左下坡時，星雲用鑰匙開了側門，告訴母親：「這道側門是通往西來寺的近路。」她接著說：「正門、側門，人生在世，上等人是迎上門；中等人是人待人；下等人是求不成，哪有什麼近路？」一語道破人世間的現實。

對李老太太來說，自覺一生中做得最對的一件事，就是讓兒子出家，奉獻給佛教。真是佛祖加被，如今李家四代同堂，老太太和三個弟弟均健在，四個人的年紀加起來超過三百五十歲，她自己四個兒女加起來有二百八十多歲，兩代人共有六百多歲，當世恐怕找不到幾個這麼長壽的家族。

幾年前老奶奶在佛光山小住，一天巧遇信徒大會，問她願不願意和信徒見個面，說幾句話。本來作兒子的還擔心她沒見過這麼大場面，也許會害怕，結果她面對二萬多人頭鑽動，朗朗而談，了無怯意：「佛光山就是極樂世界，天堂就在人間，要靠大師好好接引大家，希望大家在佛光山得道。大家對我這麼好，我老太婆沒有東西送給你們，我只有把我的兒子送給大家……。」這番深富寓意的講話，激起信徒發自內心的如雷掌聲。

事後星雲私下向母親打趣：「您怎麼可以把我送給人，您不要我了嗎？」「這麼多人需要你，我怎麼敢獨占，你不是我的兒子，你是大家的。」

的確，五十多年前，在李老太太含淚答應星雲出家的那一刻，她口中的「二太爺」，這個最心愛的兒子，就已經奉獻給眾生了。

第二章

千金一諾上棲霞

民國二十六年，在中國近代史上永難磨滅，日本軍國主義包藏禍心，製造七七盧溝橋事變，在中國開啓戰端。千百萬無辜百姓捲入家破人亡、腥風血雨的驚慄歲月。

未知旅程改變命運

就在那一年，星雲的父親出外經商，一去兩年竟然渺無音訊、生死未卜。李家失去經濟支柱，生計也陷入困境。星雲十二歲時，母親領著他由江都到南京打探父親的下落。歲盡冬寒，一位弱不禁風的少婦，手牽一個足跡從未出過縣城的小男孩，踏上一段未知的旅程。

也許是宿世佛緣，這趟旅行改變了星雲此生的命運。

據他自己親口憶述：「在往南京途中，當時和平軍剛成立，正在集合操練，我一個十二歲的男孩子感到十分的好奇，跟著去看。正看得入神，後面突然來了一位棲霞山的知客師父，大概是見我方面大耳，胖胖的很可愛，隨口問我願不願意作和尚？我直覺的答應：『願意！』不久棲霞山寺住持志開上人派人來找我說：『聽說你要出家當和尚，拜我作師父好啦！』」

可想而知，當時母親是絕對無法割捨的，不但丈夫下落不明，如果又把兒子丢了，回去如何向親人父老交代呢？然而年紀輕輕的星雲堅持已經承諾了人家，不能輕易食言，苦苦懇求，母親終於在百般掙扎下，含淚點頭。

母親落寞回到故鄉，星雲則上了棲霞山。父親呢？始終沒有消息，連屍身都找不著。據鄉人猜測，可能已罹難於死傷三十萬人的南京大屠殺。雖然對父親的印象已十分模糊，六年前他首度回鄉探親時，仍用心重修家中的小祠堂，正式爲外婆劉母王太夫人及亡父李公成保立了牌位，囑家人定時燃香祝禱。

棲霞是聞名遐邇的名山古刹，拜了住持志開上人爲師之後，由師父賜名悟徹，號今覺，爲禪門臨濟宗第四十八代弟子，當年是棲霞律學院裏年齡最小的一個。由於棲霞是座十方叢林，同參來自各地寺院，只有他是在棲霞剃度的，於制不合，故以師父出家的宜興大覺寺爲祖庭。

蘇北為何僧侶多

從星雲的出家，令人聯想到在近代中國佛教界，隸籍蘇北的出家人很多，例如智光、太滄、南亭、東初、演培、煮雲等，是否有什麼特殊的背景？

第一，蘇北是個貧窮的地方，地勢低窪，淮河因出海口淤塞，假道大運河注入長江而出海，大運河的河幅窄狹，每當夏秋淮河河水上漲時，就宣洩不通而鬧水災，居民生計大受影響。而且蘇北的土地是海升現象所逐漸淤積形成的，原本就鹽分過高，不適合農作物生長。蘇北人生活艱苦，常會感歎「人生無常」，轉而追求宗教方面的寄託。

第二，蘇北由於社會經濟條件貧困，鄉民到上海等大都市謀生，大多從事勞力爲主的行業，尤其是「三把刀」——剃頭刀、剪刀和菜刀。和尚的教育程度雖不是頂高，但身著袈裟、法相莊嚴，容易使鄉民產生崇敬之心。

第三，民間普遍流傳「一子出家、九族升天」的說法，許多家族中若有父兄出家後生活改善，又會回鄉來帶領子侄出家。

六朝勝蹟大叢林

因此之故，江蘇一帶的鎮江、金山、焦山、宜興均有歷史悠久的佛寺，其中棲霞寺自古即以林木蓊翠、楓葉如霞，吸引文人墨客青睞。這座六朝勝蹟的大叢林，坐落在棲霞山一隅，與自然美景相映生輝。

今天的棲霞寺，從山門拾級而上，兩旁古木森森，花蕾乍綻，半月湖波光蕩漾。不過，先是入庭院收費二元（人民幣）；接著入寺門又收費二元，似乎在中國大陸一片「向錢看」熱潮下，這座古廟竟也成了「創收」的工具之一。

四月初，雄偉莊嚴的「毘盧寶殿」依舊聳立在微涼空氣中，五層舍利寶塔及四旁的草地，曾是星雲幼時下課遊戲的地方。如今六角形的舍利塔已殘缺塌毀了數面，有一千五百年歷史的千佛石窟，則踟趺著身首異處的菩薩、羅漢，想是在文革浩劫中，那些「不知有佛，只知有黨」的紅小將的行動成績單。雖然地方當局近幾年正向來自海外的遊客募款重修千佛窟，但用水泥補上去的佛頭、佛身，極不協調，也毫無美感可言，不禁痛心這民族文化上不可彌補的損失。

大體上說，也許是因為棲霞寺坐落於郊外山區，文革的破壞還不算太慘，大殿和左右殿堂仍保持原貌，但寺中香火淒清，罕見禮佛信徒。偶爾可見幾位年逾古稀的老僧踽踽獨行；三、五個就讀佛學院的小沙彌也懶洋洋的提不起勁兒。套一句大陸術語：硬件還過得去，軟件可就差遠了。

經歷半世紀的寥落，佛亦無語！望著楓林姹紅，長長斑駁的院牆，遙想星雲大師就在這裏度過了二千多個晨昏。

寺中生活一貧如洗

當年，正是兵燹連年的時代，民間經濟捉襟見肘，即使想上寺廟添油香、做功德也是心餘力絀，星雲在棲霞寺的生活，幾乎可以用一貧如洗來形容。

想寫一封信回家向母親報平安，卻擱了一年無法投遞，原因是連一張郵票的錢都拿不出來。衣服破了，就用紙縫綴一下；鞋子壞了，甚至連鞋底都沒有了，就用硬紙墊補一番；襪子缺了，就撿拾別人的破襪子來縫補之後再穿。因爲不容易撿到相同顏色的襪子，記憶中，腳上所穿的兩隻襪子，總是顏色深淺不同。幾十個男生梳洗只用一桶水，在一人「二把半」（毛巾先打濕是第一把，擦完臉浸一下是第二把，擰乾算半把）之後，一桶清水已成了黃泥水，還要抬去沖廁所。毛巾當然永遠是黑汙汙的。

至於吃的方面，名副其實粥少僧多。星雲記得，當時的棲霞寺，一共有四百多位來自十方的僧眾，由於寺方資糧拮据，半個月才能吃到一餐乾飯，並且還是摻著雜糧煮成的。每天早晚喝的稀飯迹近「清清如水」，下飯的菜，不是豆腐渣，就是醃蘿蔔乾。蘿蔔乾裏常看到蛆蟲，吃不完的豆腐就拿到外面曝曬。曝曬時，麻雀飛來分享一點，飽餐一頓之後，還不忘留下牠們的禮物——糞便。所喝的菜湯清澈見底，拿來洗衣服也不會留下油漬。有時菜湯上漂浮著一層小蟲子，底下沈澱著一些蝸牛、蚯蚓。每天過堂吃飯的時候，唸供養咒就聞到面前的湯菜發出陣陣刺鼻臭味，只能閉著眼睛、摒住呼吸吞下去。

人吃五穀雜糧，誰無病痛，然而在那種環境中，似乎生病都是奢侈。他曾全身長膿瘡，膿水黏著衣服，脫衣服時，痛得就像剝層皮，仍然無法就醫。

另外有一次，他得了瘧疾，寒熱煎迫，極爲難受，但在叢林裏，即使生病也不能請假，仍要隨眾參加早晚課，折騰了半個月多，消息終於傳入師父耳中，當時師父是佛學院院長，遣人送來半碗鹹菜，星雲感動得不能自已，含著滿眶的熱淚吃下去。

半碗鹹菜對豐衣足食的現代人也許算不了什麼，但對當時臥病的星雲，堪比珍饈美味。吞下鹹菜，同時生起日後要光大佛教，以報師恩的念頭。這也促成他日後的「饑餓哲學」——只要有能力，絕不見人挨餓。今天，他在全球各地的道場寺院，廚房一天二十四小時都有飯菜，歡迎眾人來享用。

無情對有情，無理對有理

物質上的苦固然縷述不盡，更有精神上的嚴格磨練。

剛上棲霞，不過是個十二歲的孩子，聽開示時卻往往要合掌跪在碎石子地上，一聽三、四個時辰，最後小石子都嵌進膝蓋肉裏，雙掌也僵硬得不像自己的了。

十五歲受具足大戒時，更親嘗到「以無情對有情，以無理對有理」的滋味。

「還記得受戒師父問我有沒有殺生過，我答：『沒有！』突然一大把柳枝就打在我頭上，『難道蚊子、螞蟻都沒有殺過嗎？』我連忙改答：『有。』突然間楊柳枝又打在頭上，因爲殺生是罪過。接著師父問我，你受戒是剃度師父叫你來的嗎？我答：『是我自己來的。』楊柳枝第三度打在我頭上。『師父沒叫你來，你自作主張，該打。』自然我謹受教，改答：『是師父叫我來的。』『不叫你來你就不來了嗎？』又是第四次打。」

直到楊柳枝打掉貢高剛愎，由我執轉化爲無我，星雲養深積厚了宗教情操，也形成往後數十年「隨遇而安、隨緣生活、隨心自在、隨喜而做」的性格。

在其後五十三天戒期中，本是求知欲旺盛、好奇心強烈的大男孩，更吃了不少苦頭。偶爾聽到一些山聲水聲，難免抬頭尋源，給戒場上的引禮師父看到了，竹藤立刻落在身上：「聽什麼，把耳朵收起來，小小年紀，什麼聲音是你的？」挨完罰，趕緊收攝心神，不管葉翻如濤，春雨敲簷，均不入耳。師父的竹藤又立刻追上：「把耳朵打開聽聽，什麼聲音不是你的？」偶爾貪看戒壇風光，也會被狠狠抽上一記：「眼睛東瞟西看的，哪一樣東西是你的？」出堂之時，乍見風吹草動、雲起雁翔，立刻驚覺，閉目不看，哪想到竹藤仍不放過他：「睜開眼睛看看，哪一樣東西不是你的？」

就是這樣「有理三扁擔，無理扁擔三」的磨練，成爲他日後修行弘道的本錢，也在他身上刻畫出「能有能無、能飽能餓、能早能晚、能多能少、能進能退、能大能小」的性格。

師父求全責備

星雲的師父志開上人，對這一生所收惟一的徒弟，管教上也以鐵的紀律代替愛的教育。有幾年農曆春節，同學紛紛放假回鄉，星雲也一直很想回家與親人團聚，師父卻沒有一次答應。十年間只給過他兩套衣服。偶有機會親近請益，師父也像傳統的師長對待晚輩一樣，求全責備多過鼓勵提攜。

在參學過程中，有一次受到某一位師長的責備，師父知道他可能受了委屈，差人叫徒弟來見面。接著問起最近生活狀況，老人家端起桌上的茗茶說：「你以為沒有錢，向我訴說，我就會給你，明白告訴你，我把喝茶的錢省下來給你花，你也用不完，但我就是不給你，什麼道理，現在你不懂，不過，將來有一天你會了解我的心意。」

果然，隨著時間的考驗與歲月增長，讓星雲了解了師父的用心良苦，也感念益深。

不輕易讓他回家，是顧念他年幼出家，雖有善根善性，但很容易受外界誘惑退失道心；忍見他吃苦耐貧，是訓練徒弟在艱困中淬勵憤發，對物質不妄求、不執著。

闊別四十餘年，星雲第一次回棲霞古寺祭掃師父靈塔時，感念師父的廣大慈悲、深厚期許，一生中鮮少哭泣的他，含淚拜倒在志開上人碑前，祝告作徒弟的無論環境如何困頓，都不曾辜負師父的苦心。

當時與星雲同上棲霞的電視節目製作人周志敏，這樣寫下她目睹的感人場面。

「依然是潮水般的歡迎隊伍，依然是鐘鼓齊鳴，但大師的腳步卻有如千斤重……大師的眼中閃著淚光……他一語不發，只是虔誠的禮佛，一次再一次，一遍再一遍。歡迎會上，禮請大師致詞，剛開口，即已泣不成聲。致詞中斷，十分鐘後，方丈和尚再一次恭請大師致詞，大師說：『我在棲霞山出家，離開至今已四十六年了，今天我重回祖庭，看到一切保持得如此完整，我知道，這是諸位長老法師，付出了生命的代價，誓死保護的結果。家師志開上人，在受到迫害之時，是諸位長老救了他，在老人家痛不欲生的時候，是諸位長老安慰他、保護他。……我不知該如何感謝！（此時再度掩面哭泣）……我自認非常堅強勇敢，但面對祖庭時，百感交集……。』」

志開上人是在文革期間，因勇敢護教受屈迫而死，遺體葬在老家江蘇海安。這些年，星雲不但對師尊的親戚家人竭力關照，幾次回鄉探親，也都會到海安師父墳前誦經報恩。

回想當年，雖然年輕，堅強好勝的星雲從不向家人訴苦，遠在江都的母親、兄姐仍不免對他殷殷思念。母親幾番上山探視固不在話下，哥哥國華、弟弟國民也分別上山住過幾年，一方面幫寺裏打雜做工，一方面就近關照兄弟。有一回姐姐素華聽說二弟鞋子穿爛了，急得不得了，不辭辛苦跑到五華里之外，去向一位出家尼師學做僧鞋。因為不知道確實尺寸，一針一線縫了兩雙，一雙大一點，一雙小一點，特別請人捎去。多年之後才知道，星雲見到寺裏另外兩個沙彌穿的鞋子比他的還破，竟把姐姐做的鞋子送了他們一人一雙，他自己仍穿那雙爛鞋。

英氣風發僧青年

棲霞六年歲月，奠定了星雲終身奉獻佛教的信念，民國三十四年，當他考進鎮江焦山佛學院時，已是英氣風發的卓犖僧青年。

焦山佛學院，素有佛學界的「北大」之稱，無論師資及學生素質均堪稱一流，當時的院長即為現任棲霞寺住持雪煩長老。在焦山時，星雲受「俱舍論」於圓湛法師；「原始佛教」於芝峯法師等。曾教過星雲半年「唯識學」的茗山長老，現任焦山寺及寶華山寺住持，雖已八十高齡，耳聰目明的他仍記得當年那個十八、九歲的孩子「很用功讀書，當時沈默寡言，現在倒蠻會講的。」這幾年星雲回大陸，師生二人偶有機會見面，茗山長老聽到別人稱讚他名師出高徒，舒展著兩道白眉微笑說：「星雲對振興佛教的貢獻很大，現在他是我的老師囉！」

在焦山和星雲同學過的矢銘，則以與這位有成就的大和尚同窗爲傲，他回憶當年相交相知：「（我）在《鎮江報》上開闢〈新聲〉和〈頻伽〉兩個專欄，你以滿腔熱情支持我，每當我索稿時，你先是兩手搖搖表示沒有，習慣使我知道你說沒有就是有。本來山前散步有說有笑，頓時你低頭沈默不語，我知道你在獨立構思，暗打腹稿。果然不到晚上自修堂，你就把文章寫好謄清送到我手中。」

「後來我到南京爲《佛教月刊》做採訪，有一次我整理掛包準備出發，你悄悄的把一疊紙幣放在我口袋裏，你說：『採訪要緊，肚子也要吃飽。』當我採訪回來，開玩笑的掀開衣服給你看：『瘦了嚒？』你是一陣哈哈大笑。」

圖書館的一段因緣

在棲霞時，星雲還是個懵懂少年；到了焦山已成熟許多，之所以如此，也要拜其間一段奇妙因緣所賜。

三十年代，正逢西潮東來，文化劇烈轉型之際，傳統的佛教寺院卻仍不問世事，連一張報紙都找不到，對於一些求知欲旺盛、又關懷社會的青年僧，實在難以饜足。幸運的是，因爲中日戰爭的關係，一間鄉村師範學校撤離，留下一座圖書館，老一輩出家人不懂得裏面有寶，朝氣蓬勃的星雲卻經常到那裏流連。在古板的叢林生活空隙中，他開始大量閱讀中國古典小說，從《封神榜》、《七俠五義》，到《三國志》、《水滸傳》……，直到今天，他仍最鍾愛歷史、傳記類書籍，幾百萬字的《歷朝通俗演義》，四十本從頭到尾都讀完了。

同時他也涉獵古典及現代西洋翻譯小說，例如《少年維特的煩惱》、《基度山恩仇記》等。透過這些書籍，他接觸到現代新思潮，開啓了一扇向外的心窗。

如今佛光山派下的圖書館不下二十所，分別爲日文班、英文班、在家眾、學生、兒童而設，也可追溯到五十年前星雲與圖書館結下的這一段因緣。

也因爲那段時間體嘗到讀書之樂，沒有受過正式學校教育的星雲，自此從未停下自修充實的腳步。一有錢就買書，寧可不吃飯也不能不買書。與弟子之間最受歡迎的禮物，就是彼此互贈好書。

更難得的是，星雲讀書重領悟，能將讀過的書融會貫通。他看過的《資治通鑑》上用筆做了許多批語、注解；另外也記筆記，將精采文句、內容記下來，注明出於哪一本書、哪一頁。必要時把筆記翻一翻，等於將書重看了一次。無怪乎他日後能領導博士級弟子，又成爲暢銷書作家及最受歡迎的演說家。

至民國三十六年離焦山佛學院，近十年間，星雲在叢林參學，從棲霞律學院到寶華山學戒堂；從焦山佛學院到金山天寧寺的禪堂，經歷律門、教門、宗門的洗禮，體悟行解並重的大乘佛教精神。之後帶著青年人的一腔熱血，踏進苦難的中國社會，捲入一股爲國家絕續與佛教興亡奮鬥的洪流。

第三章

亂世考驗僧青年

完成焦山佛學院學業之後，弱冠之年的星雲至大覺寺任監院，不久出任白塔國民小學校長，在單純的佛教背景外，開始「社會化」的過程，對於大時代的脈動也有更深一層的體會。

如同千千萬萬熱血青年，眼見民國肇建以來軍閥混戰、日本侵華，接著又是國共內爭，同胞陷於水深火熱中，從小就有正義感的他感到激憤，佛門薰陶又使他懷著不忍人之心的慈悲。不僅時局動盪，佛教本身也處於末路關頭，充滿愛教熱情的星雲不斷思索如何改革佛教，以開創新機運。「不要想佛教給我什麼，要想我能為佛教做什麼！」內外牽引激盪之下，這個時期塑成了他一生思想體系的雛型。

中國佛教盛衰史

從中國佛教的歷史來看，自東漢明帝時由印度東傳之後，經歷四百年，隋唐為佛教的黃金時代，當時佛教主流思想是相當入世的。首先，這一代的高僧，有許多與政治、文化高層交往密切，例如天台宗的智顗之於隋煬帝、法相宗的玄奘之於唐太宗、華嚴宗的法藏和禪宗的神秀之於武則天等。至於白居易、王維、李翱等文人雅士交遊於當時高僧，亦傳為佳話。

其次，當時的佛教界還與廣大的羣眾相結合，他們透過文學、戲劇、繪畫，接引民眾親近佛門，同時豐富了中國文化的涵養。甚至也開辦金融及慈善事業，與社會生活緊密結合。例如一個盛行於隋唐的佛教宗派——三階教，即開辦了「無盡藏」（相當於銀行），無息貸款給貧民，貸款時不必立下任何契約或字據。又如收容貧窮病人的醫院——「病坊」、「養病坊」，以及賑濟性質的「悲田」等，也在隋唐風行一時。

然而宋、元之後，由於政治統治階層的壓迫，以及理學的興起，貶低佛教地位，使得佛教和知識分子疏遠，離世索居。明朝以降，開國皇帝朱元璋年輕的時候當過沙彌，作過和尚，了解佛教四姓皆攝的包容性（注一），容易爲大眾所接受，是一股不可輕視的力量。爲了怕人假藉宗教爲謀叛的溫床，明太祖即位後，即對宗教，尤其是佛教，採取軟硬兼施的政策，他把山林畫歸寺院所有，命令全國的出家人到山林中去修行，使佛教脫離社會，無法和羣眾接觸。因此佛教由隋唐時代的積極入世，沒落爲關閉山門、保守退避的出世佛教。佛教的衰微已明顯呈現。

明末蓮池大師，即曾在他的《竹窗隨筆》中，痛心描述當時僧侶腐敗的情形：「有作地理師者、作卜筮師者、作風鑑師者、作符水爐火燒煉師者」……「有手持緣簿如土地神者；……有持半片銅鐃，而鼓以竹箸，如小兒戲者……」這些行爲前者與江湖術士沒什麼兩樣；後者看來又像乞丐，難怪蓮池大師痛心疾首的說：「末法之弊極矣！」

至此，佛教已成為「冷」的宗教，除了喪葬超渡，不知和一般人有什麼關係。加上僧伽素質低落，僧格不彰，更使佛教發展每況愈下。自此以後中國的士大夫與僧道絕緣，貶為下流；若有出家人熱心世間之事，或聲望上與士人並駕齊驅，就抨擊其為世俗，例如民初太虛大師就曾飽受其苦。這種觀念形成多數人對佛教的刻板印象，甚至到今天仍根深柢固。

接著到了民國初立，某些受了半吊子西方教育的人高喊打倒孔家店，不明究裏的遷禍佛教。泥菩薩、土和尚，在青年知識分子眼裏，簡直是集「封建」、「落伍」、「迷信」於大成，很多「新青年」對求仙拜佛嗤之以鼻，搖頭逃避，惟恐不速。甚至自頒的救國救民信條之一，便是「毀廟興學」。不久軍閥四起，民國十六年，「基督將軍」馮玉祥下令毀佛，河南佛教遭摧毀殆盡，並殺害或放逐僧侶。浙江省政府也有逐僧之議。內政部長薛篤弼甚至建言改僧寺為學校。直到北伐成功，各地廢佛運動時起，其傷害不亞於歷史上「三武一宗」之法難。

太虛大師振奮人心

值此教運危急之秋，愛國憂教的佛門新青年發現一位足以領導他們的前輩導師，對佛教又燃起了希望，那就是太虛大師。

星雲在焦山讀書時，許多老師都曾受教於太虛大師，自己也讀太虛大師的文章、書籍，間接接觸到他的主張。那時，太虛大師喊出「國家興亡，匹夫有責；佛教興亡，僧伽有責」，令青年學僧十分振奮感動。太虛大師的主張是，應將消極避世的佛教，導入積極入世的道路，因此提出「以出世的精神，做入世的事業」，發動教制革命、教產革命及教理革命。

所謂教制革命是要求把散漫的僧侶加以重新組織訓練，使男眾都能成爲一個佈教師、一個法師；女眾要會教書、要會看護，提高神職人員的素質和工作能力。教理革命是要揚棄陳舊迂腐的說法，肯定人生的價值，提倡用正當的觀念和態度去享受人生，不再陷於「生即是苦」的宿命論中。教產革命是打破靠教吃教的態度，倡導依靠自己的勞力、自己的道德行持來自給自足。而寺院廟產應歸佛教公有，不是某和尚的私產。

在佛教教育方面，太虛大師也有首開風氣之功。民國七年，他即開辦閩南佛學院，引起全國重視，可惜當時院舍是借用寺廟，在廟方與佛學院意見不合下，十幾年就停辦了。之後雖陸續也有人辦佛學院，卻始終沒有一貫性。

太虛大師是一位知識分子型的僧人，深知沒有國就沒有教，在對日抗戰期間不忘救國，呼籲佛教徒支持政府，投入抗日行列。因爲「國家、社會、眾生是一體的」。

雖然老一輩的教界大德認爲太虛的主張離經叛道，對他口誅筆伐，但頗能引起青年僧伽的共鳴，大都與太虛大師站在同一陣線，認爲他是中國佛教的救星。抗戰勝利那年，星雲參加了太虛大師所辦的「中國佛教會務人員訓練班」，親歷教席。有一位同學甚至說：「如果太虛大師叫我赴湯蹈火，我也不會問爲什麼。」

以文字鼓吹佛教改革

任白塔小學校長時期，星雲一方面從事培植民族幼苗的工作，一方面思索如何落實太虛大師建立新佛教的理想。如同胡適之先生曾說的：「中國苦難的命運，一是因爲窮，一是因爲無知。」他領悟出以文字鼓吹改革佛教的方法，使更多人有機會接觸佛教。於是與同學智勇法師創辦《怒濤》月刊，又爲《徐報》主編〈霞光副刊〉，並在江蘇地方報紙投稿。他主編的《怒濤》月刊共出了二十多期，透過刊物號召年輕一代投入佛教，進而改革佛教陋習，使佛教走向新境界。雖然才二十歲出頭，胸懷大志的他即已針對改良拜拜、擬定宗教管理辦法等大聲疾呼。

這也是他熱切吸收知識養分的黃金歲月。大量閱讀三十年代的文學作品，如巴金的《家》、《春》、《秋》；以及冰心、老舍、魯迅的作品。而蔡元培、羅家倫、徐復觀、蘇曼殊、胡適之的文章也是常接觸的精神食糧。

環視世局，對日抗戰甫畢，百姓尚不得機會調養生息，國共又起鬩牆之爭，國難方殷，星雲剛跨出的一小步也被迫暫停。民國三十五年，太虛大師圓寂，佛教改革的呼聲也隨著他的去世而沈寂。日後星雲在台灣重新起步，成就非凡，太虛大師生前大概怎麼也料不到，他的理想竟然在海的另一端找到演出舞台，而且是在一位只有數面之緣的後起之秀手中發揚光大。

民國三十八年，徐蚌會戰，國軍挫敗，南京淪陷，陳布雷、戴季陶相繼身亡，江南不保，國運似已大勢難挽。傷兵一批批增加，百姓也顛沛流離、人心惶惶。當時一羣僧侶受樂觀長老影響，也紛紛組成僧侶救護隊，救護傷亡，爲眾生服務。

願為佛教留法脈

當時和星雲一起工作，也是莫逆好友的智勇法師，想組織六百人的僧侶救護隊到台灣，奔走了二個月，卻組織不起來。在彼此都有「不要同歸於盡」的共識下，隨即商議，智勇留守神州護教，他則負責領導僧侶救護隊赴台灣。

帶著依依不捨的心情，先去棲霞山，向師父志開上人辭別。一聽到徒弟有志到台灣弘法，師父立刻歡喜答應。臨行前一天晚上，師父親自辦了一桌上堂齋爲愛徒餞行，師徒二人對著一桌菜餚，卻無心舉箸，彼此相望默然，熱淚盈眶。

回到南京，聽說上海有一班船要開到台灣，他連夜坐火車趕到常州佛學院，在黑暗中搖醒識與不識的同學，邀集有志的青年共奔寶島，開創新局。

大時代的洪流很容易沖毀一個人，當年還俗的、轉入軍中棲身的僧青年不在少數；但大時代的考驗也可以堅定一個人，星雲抱著爲佛教留存法脈的願心，竭力奔走，隊伍成行時有一百多人，包括現在在台灣的印海、浩霖等法師。回到上海登船時只剩七十幾人。但就是這一趟未知的旅程，帶著他飄洋過海，改寫了一生，也爲中國佛教史譜下新的篇章。

注一：三千年前的印度是一「種姓社會」，將人分為四個階級——婆羅門、剎帝利、吠舍及首陀羅，而且是世世代代不可更改的。佛教教主釋迦牟尼佛以慈悲平等的主張，挑戰階級森嚴的社會，認為「大地眾生皆有如來智慧德相」。為被鄙賤奴役的人帶來了光明希望，受到支持歡迎。

第二部

渡海傳燈

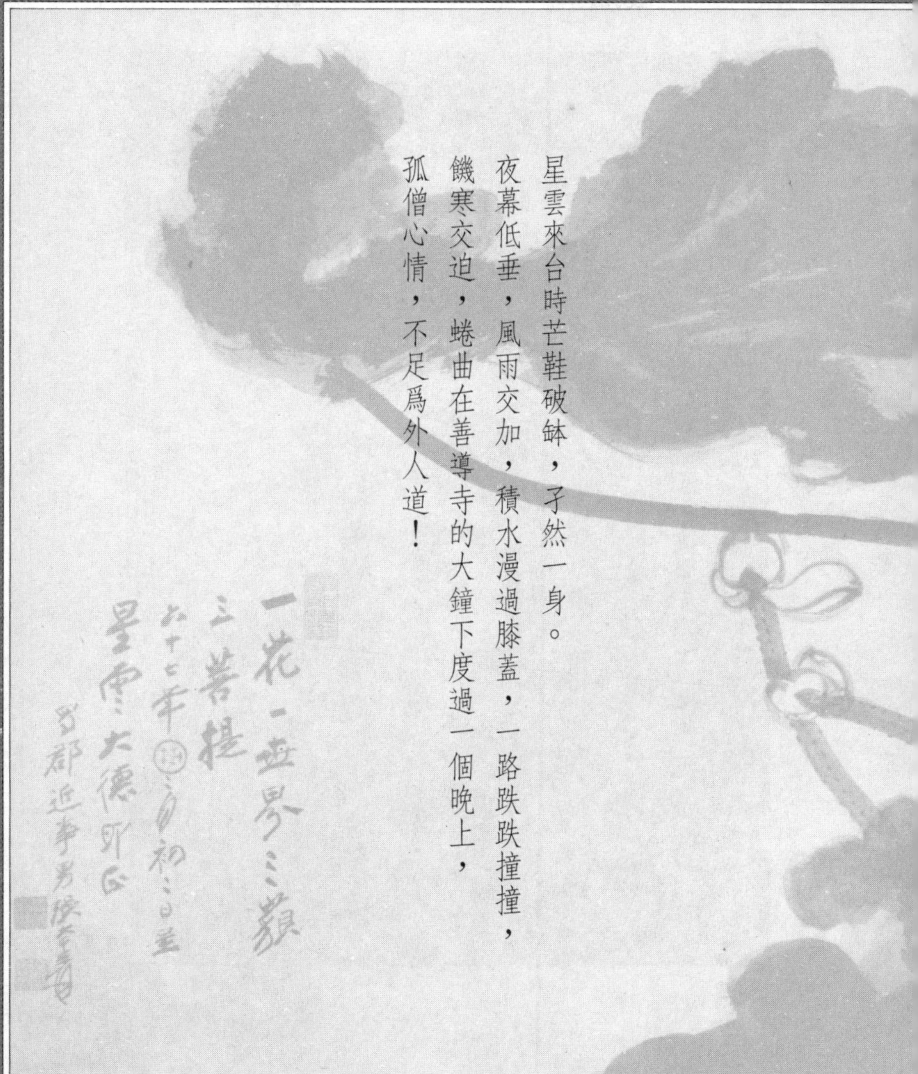

星雲來台時芒鞋破鉢，孑然一身。

夜幕低垂，風雨交加，積水漫過膝蓋，一路跌跌撞撞，

饑寒交迫，蜷曲在善導寺的大鐘下度過一個晚上，

孤僧心情，不足爲外人道！

駐錫宜蘭期間，雖然弘法工作備嘗艱辛，
他仍按部就班跨入台灣社會及信衆群，
在青年一代外省僧人中日漸脫穎而出。

星雲首創全台灣第一所佛教幼稚園，張張純稚的臉孔，如今已成為維繫社會善良風俗的中堅。

屆畢業紀念
五十二年七月

懸著「請聽佛經」的簡陋木匾，雷音寺是星雲全方位佛教事業的濫觴之地。

星雲領導的影印大藏經環島宣傳團，最遠曾到達澎湖的吉貝嶼。

民國四十八年，在宜蘭市一場佈教大會中留下這幀效果特殊的照片，講者與聽衆融爲一體。

爲支援西藏佛教徒抗暴及佛誕節，星雲帶領宜蘭佛教徒舉行義賣會，攝於義賣場。

三十多年前的松山機場，信徒爲即將踏出國門的師父送行。

第四章

唐山僧過台灣

台灣的佛教是在明朝末年，荷蘭人統治時期，由閩粵移民傳入。到了鄭成功經營台灣時，佛教漸受重視。由於鄭成功的兒子鄭經虔信佛教，曾經興建彌陀寺，其母又建開元寺，並延請僧侶主持。

到了清朝，來自閩粵的僧侶日漸增多，台灣各地的佛寺也陸續興建起來，除了彌陀寺外，竹溪寺、法華寺、超峯寺、淩雲寺、靈泉寺，都是百年以上的古剎。

日據時代，台灣佛教受到日本佛教的影響，由於日本佛教不重戒律，使得台灣許多出家人有樣學樣，娶妻吃葷，在寺內著袈裟，出外則西裝革履。龍華派、先天派的齋公、齋婆帶髮修行，以致僧俗混淆，一般人對佛教也缺乏正確認識。

初抵台灣孑然一身

民國三十八年，大陸戰事底定，百萬人再次踏著先民的足跡，跨過黑水溝，來到台灣這個美麗之島。年輕的星雲正是眾人中的一人。幾個月以前，到台灣弘法的念頭根本從未出現在他腦海之中，以致對這個小島的資訊很欠缺，印象中仍是古籍上描述的蠻荒、瘴癘之地。還聽説戰亂中很多大官、有錢人都去了，沒有地方睡，睡馬路一夜都要舊台幣三十萬元。

和許多倉惶東渡的「唐山客」一樣，星雲來台灣時真是芒鞋破缽，孑然一身。

僅有的一個包袱在兵荒馬亂中遺失了，一件長衫送給了同道的煮雲法師，身上只有一件短褂，甚至連惟一的一雙鞋也不敢穿，因爲走在路上很多人都朝他腳上看，他害怕被赤腳的本省同胞投以異樣眼光，就趕快把鞋子脫了，入境隨俗打起赤腳。

數十位與他同來的夥伴，已經隊不成隊，紛紛四處離散自謀出路。話說二十三歲的星雲，短短兩天內從台中到了台北，寺廟裏的人不是說「人已經住滿了」，就是說法師交代不接受外省人掛單。甚至在南昌路某寺，被一位外省長老喝斥：「你們有什麼資格跑來台灣？」當夜幕低垂，風雨交加，積水漫過膝蓋，一路跌跌撞撞，還摔了一跤，全身濕透，饑寒交迫，只得蜷曲在善導寺的大鐘下度過一個晚上。

人地兩茫茫，翌日他啓程去基隆某寺，看看能不能找到過去的同學。語言不通，路又不熟，當他輾轉打聽到寺廟位置，抵達時已是下午一點多鐘。寺裏有人問他：「吃過飯沒？」他靦腆作答：「別說中飯沒有吃，從昨天中午到現在粒米未進、滴水未喝呢！」他的同學看到了他，連忙說：「趕快先到廚房吃碗飯吧！」可是，就在同時，另一個人說道：「某老法師交代，我們自身都難保，還是請他另外設法好了！」這也難怪，當時人心不安，經濟條件惡劣，泥菩薩自己都過不了江，哪還管渡不渡得了別人。星雲環顧四周，心想這裏亦非棲身之地，正想離開，那位同學過來招呼他，叫他等一等，自己掏荷包去買米，煮了一鍋稀飯。當飯碗端在手裏，餓得兩隻手還不停的發抖。

然而稀飯吃完了，仍必須告別，謝過同學，接著想去成子寮觀音山投靠，途中卻遭大雨沖毀公路，只能忍著饑寒，觳觫逗留在車站裏，孤僧心情，真是不足爲外人道也。

落腳圓光寺

終於，找到了中壢圓光寺，慈悲的妙果老和尚收留下他。存著感恩的心，星雲向老和尚領了許多粗重活兒，發心勤作。當時他每天要從深邃不見底的井中打六百桶水，才夠全寺約八十個人梳洗食用。另外要上街買菜，每天尚未破曉，總是踏著稀清月影，拖著卡卡作響的手推車，到十五里黃土路外的街上採買，當樹梢微風輕拂，大地一片靜謐，只有遠處偶爾傳來幾聲狗吠，畫破黎明清空。他邊默唸觀世音菩薩聖號，伴著嘀嘀嗑嗑的木屐聲。到了市場，菜販子還擁枕高眠呢！挨家挨戶把商家喚醒，買妥油鹽米柴、一天的菜，再踩過黃土路回到寺中。

由於寺中缺乏青壯人力，他還幫忙清掃廁所；寺中有人往生，協助包裹，抬去安葬的也是他。

時間一晃兩年，星雲奮力工作之餘，仍不忘情讀書寫作。有一次出去幫忙佛事，得了二十塊錢，趕快跑去買紙買筆，其歡喜滿足終身難忘。他偶爾伏案寫作，卻被其他出家人或信徒認爲是偷懶，無所事事。至今仍記得，一位常在寺中幫忙的老信徒達賢姑苦口婆心的勸他：「法師，你要去工作，不然你會嘸飯呷唷！」這期間他曾到苗栗法雲寺看守山林三月餘，趴在草地上開始寫《無聲息的歌唱》這本書。還編《人生》雜誌、爲中廣公司撰寫廣播稿等。

神佛不分弘法難

這段時期物質上的貧乏及生活上的磨難，其實是台灣光復初期一般生活的寫照，多數人最大的夢想不過就是一家大小平安、衣食無愁。與眾不同的是，星雲的心中始終有一股宗教徒的熱力，不以一己安樂爲足，時刻不忘要在台灣延續太虛大師人間佛教的理想，讓更多人接觸正知正見的佛法。然而在四十多年前的台灣，實現這個理想又談何容易呢！

研究台灣宗教發展的學者指出，台灣是個海島，多颱風、地震，居民飽受自然界的威脅，在許多人力不能抗避的情況下，自然容易形成多神教的信仰，因此台灣的神廟特別多。廟簷以「八仙過海」、「三國演義」、「封神榜」或「唐明皇遊月宮」等傳說爲題，裝飾得繁複華麗。廟內供奉媽祖、呂洞賓、土地公等神明。甚至還有拜石頭公、大樹公的，信仰中充滿神化色彩。同時，許多佛教儀規、制度被神廟沿用，也造成神佛不分的混淆。

從另一個角度觀察，台灣佛教寺廟規模很小，不像大陸上的古剎叢林那樣擁有屬於寺院的田產，無法成爲自給自足的經濟單位。台灣的寺院必須依靠社會上眾多善男信女的捐助，或由僧尼出外化緣，才能維持下去。那時候，剛回歸中國懷抱不數年的台灣，經濟條件極差，善男信女供養寺廟的能力相對降低，佛教能維持起碼生存已是萬幸，很難再求其他發展。

何況，當年台灣出家人的教育水準普遍不高，一般只會超渡誦經，幾乎談不上弘法布教。佛教停留在「葬儀的宗教」，對社會、對羣眾生活起不了作用。知識分子學佛的更有如鳳毛麟角。

更不利的是，西方的天主教、基督教，在戰後藉由美國對台灣的強大干預，又挾雄厚財力，把觸角伸入大城小鄉。早年先總統蔣公夫婦篤信基督教，不少政商界達官貴人跟進，社會大眾以信仰基督教爲尚，而貶佛教爲市井流俗。

經歷那個年代的人或許還有印象，由於佛教勢弱，清淨莊嚴的寺廟庵堂常爲軍隊、機關占住。台北市善導寺大部分房產給市政府兵役科當做辦公室；圓山臨濟寺連大雄寶殿都做了中山堂。當中東幾個回教國家國王要來台訪問時，爲了爭取回教國家的友誼，甚至有人建議把百年香火的台北西寧南路東本願寺改爲回教之寺。幾經立法院反對，才保住東本願寺，改由政府捐助巨款，在新生南路蓋了一座頗具規模的清真寺。

機智因應大環境

另外，由於政府剛渡海來台，政治軍事上仍風聲鶴唳，不但有省籍疑忌，也有保安工作上的反應過當，連出家人都不免遭池魚之殃。據星雲回憶，他一生中坐過三次牢，前兩次分別是任白塔小學校長時，白天國民黨軍隊來搜查共產黨游擊隊；晚上共產黨游擊隊又來偷襲國民黨軍隊，他先後都被抓去逼問「敵軍」情報。到了台灣，民國三十八年，由於謠傳三百名僧侶被密遣來台從事滲透顛覆工作，他又遭嫁禍爲匪諜，與慈航法師（後來在汐止創彌勒內院的肉身菩薩）等數十名外省籍出家人一起被捕入獄。

前後被關了二十三天，不但不能躺臥休息，還受到綑綁扣押、呼來喚去的待遇。所幸由孫立人將軍夫人孫張清揚居士擔保，吳經熊居士等人奔走，才被營救出獄。

後來警備總部又連續接到黑函投訴，檢舉他白天收聽大陸廣播，晚上穿著便服外出，張貼親共標語，散發反動傳單，於是日夜派人跟監。一年後，黑函內容不攻自破，跟監的人反而受到感化，皈依爲佛弟子。

在那白色恐怖中，民國四十一年，他應大醒法師之請，到新竹青草湖佛學院教書時，每次離開佛學院都還要向當地派出所請假。甚至後來到了高雄，也有人密告他在佛光山窩藏長槍兩百枝。以星雲的智慧，觀諸時勢，當然知道該怎麼做——傳教弘法時先說支持蔣總統、三民主義萬歲；中間再穿插反共抗俄、大有爲政府……，久而久之也就相安無事了。

日漸脫穎而出

終究，隨著許多大陸高僧大德來台，逐漸把佛教真正的面貌與教義帶入台灣社會，開創復興佛教的新機運。雖然個人境遇艱逆，星雲不愧是出身叢林名剎，受過正統佛學教育的濡染，一股「佛教靠我」的企圖心沛然莫之能禦，在青年一代外省僧人中日漸脫穎而出。

在圓光寺兩年，由於誠懇待人、勤奮工作，十分受妙果老和尚器重，也讓許多人產生好感，縮短了和本省信眾之間的距離。他仍記得，一位善心的老菩薩（指虔誠向佛的老年信徒）總是偷偷煮一碗麵，爲他療饑止餓。「每當她用布滿皺紋的雙手將熱騰騰的麵碗，就著寮房的窗櫺送進來時，湯汁滴落窗台，隔著氤氳蒸氣，我心中有說不出的感動。」

在妙果老和尚提攜下，他按部就班跨入台灣社會及信徒羣中，了解這塊土地、這些人，也默默在心中勾勒未來遠景。

第五章

宜蘭，搖籃

四十年前，在佛教土壤極其貧瘠的台灣，想要弘法度眾，宣揚佛陀的教化，除了機緣、勇氣，更要有智慧和毅力。星雲在台灣東北角的宜蘭之所以能逐漸嶄露頭角，以上四種因素缺一不可。

因緣牽引履山城

機緣起於民國四十一年。某一天，中國佛教會開會改選理監事，大會中他巧遇篤信佛教的李決和居士。來自宜蘭的李居士其實已北上多次，希望能請一位法師去家鄉講經。但由於該地交通不便，任何人當時往返宜蘭只有兩種方法：一是經九彎十八拐、險象環生的北宜公路；要不就是搭火車，從台北到宜蘭搭一次火車要四、五個小時，中間經過很多山洞，常弄得「面目全非」——臉上、身上、鼻孔裏都是黑煤灰。再加上宜蘭經濟條件較差，請過幾位法師，都是只去一次就下不爲例了。

知道了李居士的困難，一向善良又熱誠的星雲乃自告奮勇，在那年年底第一次來到宜蘭。自今而後，再也沒有說過一個「走」字，宜蘭人也由感激、恭敬，到對他死心塌地的擁戴。

講到勇氣，在當年的宜蘭落腳，的確不是件容易的事，而他的勇氣來自於對弘法的熱切，以及隨遇而安的性格。

宜蘭在地理上是一個三角沖積扇，一面向著太平洋，另一面以一山之隔，阻礙與西北部平原的交通，自古生活環境較閉塞，民風也較質樸、固執。星雲到宜蘭的目的地是雷音寺。雷音寺位於宜蘭市北門口，始建於清道光年間，本是一幢三合院的建築物。民國五十二年被歐珀颱風吹毀，由星雲率地方人士籌畫重建，六十七年落成，乃今日的雷音寺，也是星雲全方位佛教事業的濫觴之地。

那一天，初踏進雷音寺，觀察敏銳的星雲立刻明白了爲什麼其他法師都待不下去。

他仍記得，當天早晨從台北出發，到宜蘭已是午後，一踏入寺門，只見雷音寺被三家軍眷占住，空有佛堂卻沒有拜墊，原來是被拿去當枕頭了。這三家人的衣物鞋襪狼藉四散在寺中，還有一隻炭爐餘煙裊裊，爐子擋住廁所，得把爐子搬走，廁所的門才能開。

眼光四處逡巡，好不容易見到一位老尼師（住持妙專法師），正爲人誦經消災。誦經畢出來問：「你是來講經的法師嗎？」「是！」又過了半小時才端出半杯冷茶給他。

大殿一角暫安身

往返講了幾次經，信徒反應不錯，星雲決定住下來。雷音寺占地五十坪，在當時已算宜蘭最大的寺廟，然而他只能在大殿旁隔一角沒有窗子的空間容身。屋子低，和尚身材高，一進去連頭都抬不起來。

走過那個年代的人或許還記得，當時不是按月收電費，而是每裝一個燈泡就要向電力公司繳十二塊錢，爲了省錢，燈泡白天掛在大殿佛前，晚上再拉過來，電線不夠長，他只能在門口看書、寫稿，由揮不盡的蚊子嗡嗡相伴到天明。吃飯用的湯匙是用鉛皮做的，沒有重量，常常一陣風吹來，就要起身跑去追湯匙。前半年，他幾乎都是席地而眠；半年後，信徒湊出三十元買了監獄犯人生產的竹床、竹椅（因為比較便宜），雖然一翻身吱吱作響，總算有了安頓的地方。

以前吃過很多苦的星雲明白，當時大家都窮，這些物質上的困乏本不足掛齒，真正令他煩惱的是整體佛教發展環境的囿限。

那時節，台灣佛教氣候不成熟，他早期弘法工作也備嘗艱辛。由於台灣同胞曾受日本愚民政策統治五十年，不僅在生活行爲上受制約，在教育機會上也遭剝削，對宗教缺乏正確觀念。加上宜蘭本是一個保守小鎮，對外來人、事、物都有敏感的反應。尤其「二二八事件」陰影猶存（至今地方父老仍能指出執行集體槍斃的地點），一位年輕的「外省仔」和尚突然出現，一舉一動，想必特別受人矚目。某些人甚至粗魯挑釁或暗中搗蛋，也在在考驗他的智慧和毅力。

北門口的師父

在雷音寺講經時，常常有人羣聚殿外大聲談笑、百般干擾，星雲急中生智，把燈一關，只留下佛前點點馨香。外面喧嘩的人被突如其來的黑暗驚懾住，不由噤聲，這時只見和尚端坐的身形莊嚴肅穆，清晰穩健的說法聲，一句句傳入耳中。他就是用這一招「靜」字訣，收服了不友善的人，其中有些甚至一改傲慢態度，接受佛法教化。

有一次在宜蘭夜市佈教，此地爲七條道路集中點，聽眾海會雲集，盛況空前，不料活動進行中，有人從不同方向朝台上丟石頭。事後查出是基督教某長老會的信徒所爲。後來，當他組織佛教青年歌詠隊，也引起教內譁然，一些保守人士甚至恐嚇要殺掉星雲，一時風聲鶴唳。

當年的星雲英氣煥發、熱誠聰明，一一化解了這些危機之後，名聲不脛而走，眾人對他的少年老成、威儀博學十分佩服，宜蘭人不知其名，都稱他爲「北門口的師父」。老一輩信徒仍記得他年輕時的模樣。年過八十的阿腰姑，是星雲在宜蘭度化的首批信徒之一，提起師父，呵呵笑開鑲滿金牙的嘴說：「伊當時古錐古錐！」

而年輕的女孩子也對這位英挺偉岸的外省出家人充滿好奇。跟隨大師近四十年的蕭碧霞師姑記得，有一次師父到她服務的電信局打電話（那時很少自用電話），包括領班在內的二十幾個接線生跑出來看，一時間電話完全無人轉接，宜蘭內外通訊就突然被「當」掉了。今天宜蘭電信局自局長以下，八成的人均是皈依弟子。

人間佛教實驗室

駐錫宜蘭沒多久，星雲胸中已有成竹，在佛教發展策略上，他看出宜蘭固然民風較強悍，不易度化，但只要得度之後卻會是佛教忠貞的「基本兵」，於是在這裏一步一步醞釀人間佛教的實驗。

第一步是成立唸佛會。在四十年代初，民間文盲的比例相當高，唸佛是接引他們最方便的法門，於是開始組織在家善男信女來共同唸佛。換個角度說，這又何嘗不是推廣國民教育的方法，讓不識字的人也有機會拿起經卷逐字逐句唸下去。

爲了讓信徒有唸佛共修、聽經聞法的地方，星雲決心爲雷音寺加蓋一座講堂。經過數年慘澹籌募，民國四十五年，宜蘭唸佛會講堂落成，章嘉活佛及諸山長老雲集宜蘭祝賀，當地佛弟子與有榮焉。講堂裏面供的佛像是著名雕塑家楊英風先生早年的作品，楊先生自己也是宜蘭人。

從宜蘭佛教發展來看，自從有了唸佛會，信徒日益增加，也開始有了經常性的講經活動。公布消息時，是由二位信徒扛著一塊木板，上面寫著「請聽佛經」四個大字，另一位信徒打著手鼓邊走邊喊，引人注意。唸佛會堪稱宜蘭佛教的「聖地」，當地人沒有不知道的。即使到了今天，北門那一站的公車站牌上，站名仍寫著「唸佛會」。

遍灑菩提種子

其次是發揮佛教青年的力量。星雲自己不善音韻歌唱，但掌握住年輕人愛唱歌、愛交朋友的需求，成立了全台灣第一支佛教歌詠隊。自己寫詞，請楊勇溥老師作曲。青年朋友來了，還親自端凳子、倒茶水。爲讓青年朋友有實質的收穫，又設立了作文班，由於他國文根底扎實，批改文章又認真勤快，深受年輕知識分子喜愛。他的第一代弟子，有「佛教界才女」之稱的慈惠法師就坦承：「最初親近師父不是因爲想學佛，而是去學作文的。」

她在〈隨侍翻譯二十年〉一文中回憶當時一班年輕朋友的感受。

「當年師父領導宜蘭唸佛會，有各種接引青年人的活動……在這些活動中，師父高雅的談吐、睿智的思想、廣博的學識，給我無限的震撼，無比的感受。……每天清晨，我們把寫好的文章放在雷音寺佛堂中的供桌抽屜裏，第二天放入第二篇，同時取回昨天的作業。在那方格上，有許多硃紅的圈點，有鼓勵、讚美、指點的批語。拿到手裏，我們就迫不及待的互相傳閱，歡喜雀躍。隔一段日子，師父會集合我們，當面講解各種寫作技巧，指示每一個人文章的得失。」

接下來，他尚且把佛教的種子灑下更年少的一代，不但爲初、高中學生組織學生會；還爲清寒子弟設立了「光華文理補習班」，拜託在學校教書的信徒義務輔導英文、數學、理化等科目。在品德上、學業上，這些孩子毫不保留的證明「學佛的孩子不會變壞」，個個力爭上游，從而改變不少父母對佛教的觀感。

現任教育部訓育委員會常務委員的鄭石岩，近幾年也成爲禪學書籍暢銷書作家，就是「光華」幫助過的孩子。他推崇星雲了解青少年心理，精心設計各種活動來吸引學生；同時非常親切，常拍拍孩子的肩膀，和他們坐下來講講話，給人一種發自內心的溫暖感受，使得大家一下課就喜歡往那裏跑。許多中學生也以參與學生會爲榮。

多年後，佛光山舉辦第一屆國際禪學會議，星雲見到應邀與會的鄭石岩，仍記得這個「補習班的孩子」，並誠摯的說：「哦！當年無心插的柳都成蔭了，我看見你真高興！」

慈悲善性早扎根

以現代行銷的觀點來說，他很早就活用了市場區隔的原理，更善於培養「消費習慣」。他認爲佛教應儘早扎根，才會從小養成一個人的慈悲善性，因此接著針對國小及學齡前的孩子開創了「兒童班」，後來擴大改爲「星期學校」，經常舉辦繪畫、勞作、書法、作文等比賽。在小朋友心中灑下菩提種子。

從東京大學畢業，獲印度哲學碩士的依空法師，就是在兒童班開始親近佛教的。他大學畢業兩年後出家，如今已追隨師父二十年。回想起四、五歲時跟著兩個姐姐出入雷音寺，她發現師父深諳「欲令入佛道，先以欲鈎牽」的道理，小孩子最初哪懂什麼佛不佛，可是去了之後，都會得到一個結緣品，例如小包子、壽桃、沙其馬，或麵粉做的「佛手」。在那個沒有零嘴的年代，出於嘴饞，活潑好動的小丫頭竟然能乖乖跟著唸佛一支香（這種方法，基督教、天主教也曾普遍採用）。久而久之，自然攝受於佛法的感召之中。依空法師爽朗的笑著說：「也許很多人都是從吃一個小佛手得度的。」

針對一般信徒，則是用勤勤懇懇、熱誠服務來打動他們。孤身一人到宜蘭，年輕的他往往身兼數職，內內外外忙碌，打佛七是他，布置講堂是他，煮羅漢菜是他，行堂是他，敲法器當然還是他。甚至連雷音寺附設慈愛幼稚園飼養的一隻猴子跑掉了，有人大喊「師父！猴子跑了，捉猴子哦！」他也要立刻放下手邊的工作，趕快去捉猴子。

心永遠在宜蘭

三十歲不到的星雲對弘揚佛教充滿熱情，忙碌工作之餘，另外主編《人生》雜誌，每個月掏腰包買幾百本送人；接辦《覺世》旬刊之後，還要自己出去拉訂戶。領到一點稿費，傾囊購買銀製的卍字項練送年輕朋友，希望他們戴在胸前，以身為佛教徒為榮。學生會、兒童班用的一本本筆記簿、一枝枝鉛筆，也都是他辛苦筆耕賺錢買的。

辛勤數載，終於有機會驗收成果。民國四十七年，西藏佛教徒在達賴活佛領導下，針對中共摧殘佛教，掀起大規模的抗暴護教運動，又正逢四月初八佛誕節，星雲決定舉辦夜間提燈遊行，由每個里提供一輛花車，巡迴宜蘭四十八里。當時宜蘭只有五萬多人口，遊行竟有三萬多人參加，萬人空巷，爭睹為快。這種創舉令地方民眾眼界大開，佛教徒也第一次了解到團結動員的意義。

自落腳在宜蘭，十二年間，一位外來和尚與這個純樸的山城緊密結合爲一體，情感深厚。「每次來，沒有人接；每次走，不必相送，這就是家的感覺。」縱然雲遊四海，他的心永遠在宜蘭。某一次談話中，宜蘭縣長游錫堃說他和大師的「宜蘭歲」差不多：「他來宜蘭時，我大概才剛出生。」

星雲對宜蘭的確情有獨鍾，他曾在礁溪圓明寺，以一天一萬字的速度寫完《十大弟子傳》，至今仍懷念黃昏時分停筆休息，沿著河岸散步的心情。

宜蘭也用心擁抱星雲。他的第一代優秀弟子，幾乎都是宜蘭人，如男眾的心平；女眾的慈莊、慈嘉、慈惠、慈容等，構成今日佛光山體系重要決策核心，無怪乎許多人比喻宜蘭是星雲的「黃埔軍校」，這輩弟子則是「五虎上將」。

目前對佛光山最「死忠」的信徒大多也來自宜蘭，當年是油漆學徒，如今開設中國佛教藝術中心（去年營業額三千多萬元）的翁松山即是其中之一。三十多年前，是星雲鼓勵、支持他學習雕刻佛像，翁松山才有今天。去年佛光大學籌募建校基金，他首先獻上一百萬元，還非常謝謝師父給他機會報恩。

雷音寺為根本源頭

沒有雷音寺，就沒有佛光山；沒有佛光山，就沒有遍布海內外的近一百個道場（詳見附錄二），更沒有一千餘出家弟子和百萬以上信徒。雷音寺大殿供奉著毘盧遮那佛，是佛陀法身的根本，象徵著雷音寺爲根本源頭。

宜蘭，這座位於台灣東北角的山城，培育了日後聞名國際的一代高僧，也成爲佛光山佛教事業興盛壯大的滋養活水。若說宜蘭是台灣佛教現代化的搖籃，應該當之無愧。

第六章

佛教界創意大師

釋迦牟尼佛成道時，年方三十五歲；中國僧侶中大名鼎鼎的玄奘法師去天竺取經時，也不過二十六歲，正值而立之年的星雲，除了對佛教前途責無旁貸的使命感，更有青年人獨具的創意和想像力，走出一條現代化弘法之路。

佛教原本是含蓄的東方宗教，自印度傳入中國千餘年來，一直隨緣而化，並未大張旗鼓的拉人入教，也不重視宣傳。但隨著時代改變，科技昌明，政治、經濟、社會環境今非昔比，舊式的宗教經驗與情懷已跟不上信徒熙來攘往的追逐。有什麼方法能將傳統的佛學義理和嶄新的生活形態掛鈎？誰來讓佛教徒啓悟因緣，而不只是勸說果報？星雲發現，佛法之深，不在玄理奧義，而在與時推移弘法之難；不在路途艱險，而在隨緣解辯。他自己則勇敢的擔任起這條新道路上的探索者、引導者。

還在大陸時期，他即已略知現代傳播媒體的影響力，試著將其應用在弘法佈教上面；然而，真正有計畫的推展，卻是來台之後才開始的。

文字般若傳播禪悅法喜

於文字弘法方面，星雲情有獨鍾，數十年來未曾中斷以文字般若傳播禪悅法喜。

早在焦山佛學院讀書時，他就與同學智勇法師一起創辦《怒濤》月刊，又爲《徐報》主編〈霞光副刊〉，也在江蘇地方報紙投稿。來台後接下了《覺生》、《人生》雜誌等刊物的工作。民國四十六、七年，又分別接下《覺世》旬刊及創辦《今日佛教》月刊。其中《覺世》於六十八年改爲《普門》雜誌，這本一開始只有五十八頁的黑白刊物，剛慶祝完十五週年慶，已出版至近二百期，無論內容、編排、發行量均占國內佛教刊物之冠，不但流傳於信徒之間，也透過現代發行系統，打入一般讀者階層。更難得的是在財務上，廣告及發行收入已能平衡收支，且有盈餘，在佛教刊物中首屈一指。

除了主編雜誌，星雲本人在筆耕創作上也交出一張漂亮的成績單。別人是「著作等身」，他則早已「著作逾身」了。

他這一生並未受過正式的寫作訓練，但對文字工作一直有份難抑的熱情，視筆如拂塵，欲掃去人心的障垢。在苗栗法雲寺的山林中，趴在地上寫作《無聲息的歌唱》，民國四十二年出版第一本書《觀世音普門品講話》。而數度被改編爲舞台劇、閩南語及國語電影（「千金小姐萬金和尚」），甚至成爲電視連續劇（「再世情緣」，八十二年於中視播出）的《玉琳國師》一書，背後還有一段由尿桶激發靈感的故事。

星雲記憶猶新的談起，在一次環島弘法中，他與老友煮雲法師借宿於南投魚池鄉靠山邊的一戶農家，鄉下地方沒有衛生設備，房間裏擺了一個尿桶，臭氣四溢，薰得人難受，沒有辦法睡覺。

「喂！煮雲，我睡不著，你講個故事來聽聽。」

煮雲法師滿肚子典故軼談，最喜歡講故事。

「那麼我來講玉琳國師的故事好了！」

聽完之後，曙光也微亮在天際。

「我一定不負你講故事的辛勞。」

回去之後，他便伏在雷音寺的舊縫衣機上，把這個故事編寫成書。

早年以「摩迦」爲筆名的他，有如佛教界一顆上升的文藝之星。一位任職市政府人事室的老友曾在二十多年前勸他「改行」：「憑你的文筆，乾脆當記者去吧！」

不但自己寫作，他也成立佛光出版社，環繞佛教主題出版了史傳、教理、藝文、儀制等叢書。近年更發展到有聲書、錄影帶。佛教經典方面，則出版了精裝本的《佛光大藏經》、中英對照佛經，以及榮獲金鼎獎的《佛光大辭典》。近四年來，他在普門雜誌上每月發表的日記，已經集結成書，共二十冊，成爲海內外弟子、信徒與他接心的最好媒介，也開創了文字弘法的新形式。

目前，國際佛教學術交流頻繁，爲了因應國外對佛教經典的需求，佛光山正與美國加州大學柏克萊分校合作，著手將大藏經鍵入光碟儲存的工作。

星雲認爲：「透過文字媒介，不只這個時代、這個區域的人可以接觸佛陀偉大的思想；幾千年、幾萬年以後，此星球、他星球的眾生，也可以從文字般若中體會實相般若的妙義！」

善用現代傳播科技

累積了以平面媒體弘法的經驗，隨著科技進步，他開始以聲音及影像來弘法，希望廣泛深入社會各階層、各角落。

在宜蘭的時候，他即組織佛教歌詠隊，首創「佛教之聲」節目，領導佛教青年定期至民本電台播音。接著有中廣宜蘭台的「覺世之聲」；中廣的「信心門」；中廣、漢聲、天南全國聯播的「禪的妙用」以及天南的「生活的智慧」。佛教廣播節目自播出以來，從都市到鄉村、從海邊到高山，無遠弗居。近幾年，美國洛杉磯的「中華之聲」廣播電台，也請求製作「佛光普照」節目，深受當地華僑喜愛。

自民國五十一年台灣電視公司開播以來，全國每一個家庭漸漸都有了電視機，這一高效率的大眾傳播媒介，成爲繼廣播電台之後，威力無窮的弘法工具。在星雲運籌帷幄之下，陸續製作播出以下節目：「佛祖」（六十一年，台視）、「甘露」（六十八年，華視）、「信心門」（六十九年，中視）、「星雲大師佛學講座」（七十二年，台視，榮獲新聞局頒廣播電視社會教育金鐘獎）、「六祖壇經」（七十四年，台視）、「星雲禪話」（七十六年，台視）、「每日一偈」（七十八年，台視）、「星雲法語」（八十年，華視，榮獲八十三年金鐘獎）、「星雲說偈」（八十年，中視）、「星雲說」（八十三年，台視）。

目前台視、中視、華視均有星雲的帶狀節目，曝光率之高，冠於任何大牌藝人；也創下中國電視史上同一人遊走三台，同一性質節目三台同期播出，不怕打對台，也不爭收視率的良好紀錄。

清淨樂音天上來

此外，民國四十六年，他首創灌製佛教唱片，曾經灌了六張十英寸的唱片，收錄二十餘首佛曲。佛教音樂最早爲梵唄，「梵」是大梵天的音樂；「唄」是清淨，梵唄是真正由天上傳下來的音樂。它的音韻可使人在寧靜安祥中擴大自己和昇華自己。最早用於傳教，再之用來讚美佛陀。佛教的天女樂神所使用的樂器，如琵琶、箏、琴等，其中有不少是中國樂器的始祖。

當時受邀參加這項工作的台北工專老師吳居徹，雖與星雲素昧平生，但從這位出家人的弘法事業看來，他的觀念非常新穎而富有創意，吳老師也認同古老的佛教必須邁向大眾化、生活化，因而傾力襄助。這六張唱片是佛教史上空前的傑作，也是畫時代的創舉，唱片尚未出版，已經造成轟動，台灣各地爭著預約，東南亞也有訂單飛來。

三十年後，佛光山叢林學院二百多名學生，在台北國家音樂廳，參加了台北市傳統藝術季「梵音海潮音」的音樂會演出，第一次將佛教的梵唄音樂，帶入國家音樂殿堂，給佛教音樂新的時代定位。

近三、五年間，台灣卡拉ＯＫ、ＫＴＶ大行其道，腦袋裏隨時有創意點子亮起的星雲立刻聯想到，若將佛門的「爐香讚」、「戒定真香」用卡拉ＯＫ的方式誦習，佛教梵唄必定很快走入每個家庭。

從電台、電視、唱片，到卡拉ＯＫ，星雲真不愧為與時俱進的弘法大師。

咱的佛教下鄉囉

另外，自民國四十三年起，他領頭展開一系列的環島佈教，宣講大藏經，這也是創舉之一，最遠曾到達澎湖外海的離島吉貝嶼。

當年曾隨師弘法的林清志老師（慈恩）回憶：「佈教地區，若是離宜蘭不遠的地方，我們便以腳踏車代步。……三十多年前，有位年輕的比丘，經常帶著三十多位青年男女，在風和日麗的黃昏，迎著夕陽，沐著晚風，向弘法的道場奔馳。……師父的腳踏車不是在最前面就是殿後。有時車子壞了，或是爬山坡時，都需要下來推車。遇到颳風下雨，就要『法雨沐浴』了。回程時大家高聲唱著師父所寫的『弘法者之歌』，摸黑趕回雷音寺。」

「如果是路程遙遠的地方，則搭火車，那時火車班次不多，我們常爲了趕火車而行色匆匆。後來，宜蘭線段各站站長及工作人員，被我們的熱誠感動，經常等到我們全部人到齊後才開車……。」

他們受歡迎的程度，則可以從各地民眾的實際行動顯示出來。幾天以前，就有人厝邊頭尾去敲鑼提醒鄉親來聽講：「咱的佛教來囉！」弘法當天，甚至請出神明、乩童來開道歡迎。有一次在小小的花蓮玉里鎮，竟然吸引了五千人來聞法。無論是大樹下、小戲院或曬穀場，星雲領著青年朋友架麥克風、拉電線、裝燈泡、貼海報、排桌椅、招呼聽眾。開講了，佈教員依著師父幫他們修改過的講稿，輪流以國台語雙聲帶上去演說，還輔以幻燈片，氣氛十分熱烈。

往後三十多年，星雲佈教弘法的舞台由窮鄉僻壤到學校、機關、工廠，進而到國立藝術館、中山堂、國父紀念館、高雄中正文化中心、林口體育館等，場地一個比一個大，觀眾一場比一場多，佛陀的慈悲智慧也透過他，浸潤廣大羣眾。

跨海弘法新創舉

近十幾年來，他開始跨海做國際性的弘法活動。在香港，先由何文田會館起步，然後進駐沙田大會堂，三年前移入全港最大、可容納二萬人的集會場所——紅磡體育館。

民國八十二年夏末，他在「紅館」講經三天，題目是「從金剛經說到般若空性的研究」。兩個星期以前，索票的民眾即在窩打老道的佛香講堂川流不息，詢問電話分秒不歇。重要媒體，包括星島日報在內，均有大篇幅報導。演講當天，晚上七時才正式開始，下午三、四時，觀眾已魚貫前來，匯集在廣場上排隊等待進場。七時不到，場內已座無虛席，場外等候多時的人卻依依不願離去。幾位老人家懇求說：「我們大老遠從新界趕來，見不到師父，聽一聽他的聲音也好！」

消息傳到後台，星雲立刻指示慈容法師，聯繫「紅館」負責人，臨時在廣場架設一百英寸大電視，以滿足不得其門而入的觀眾。兩個小時的演講中，無論是場內有座位的；場外盤腿的、蹲著的二萬多名香港人，都享受到了甘露法水的洗滌。

很多人都知道，天主教及基督教的神職人員常到監獄去傳道，但可能不曉得星雲獄中佈教的工作已默默進行了好多年。不僅他本人是法務部聘請的正式教誨師，幾位出家及在家弟子也都定期去獄中弘法。

藉著到香港演講之便，去年他已是第三度受邀赴赤柱監獄弘法。在關著殺人、搶劫、販毒等重刑犯的隔離監舍中，伴隨法器梵唄，星雲慈悲懇切的對受刑人說：「有形的監獄不可怕，心內的監獄才是真正的禁錮。」並鼓勵他們以佛法消除暴戾之氣。三十幾個刺青壯漢，在別人眼中是凶神惡煞，在佛陀眼中，只是眾生中的一個。平時桀傲乖戾的重刑犯，在星雲面前溫馴如綿羊，俯首聆聽教誨。在最後的皈依儀式中，當星雲為他們灑甘露消災懺悔時，不少人大顆熱淚沿雙頰滾滾落下。

基於振興佛教的理想，以及精確掌握社會脈動的能力，他的創意源源不絕。六十七年台北普門寺落成之後，由他首創的光明燈會、報恩會、婦女法座會、禪淨共修等陸續展開。集傳統與現代大成的「全省行腳托缽」及精緻深入的「家庭普照」，也都匠心獨運，有人名之為「服務到府」、「直銷式」的弘法創舉。

這一連串的動作，固然受到眾多人肯定，卻也承受非常大的壓力，尤其是教界傳統派大老，表面上譴責星雲標新立異、有違傳統；骨子裏卻是怕這後生晚輩鋒頭太健，搶了他們的光采或信徒。不過，時間是最好的裁判，當年被批評的「奇招」，如今已普遍被許多法師、寺院所採用。在佛教現代化的歷程中，星雲無疑有不可磨滅的貢獻。

教界亦步亦趨

談到佈教弘法滔滔不絕，曾有學生問道：「師父，您怎麼有那麼多話講呢？」他笑笑回答，其實自己從小個性十分內向，叢林十年的參學生活，除了師長同學外，從沒見過陌生人，也不曾和不認識的人講話。剛來雷音寺第一次講經的時候，一上台，手腳發抖，爲了不被察覺，只得雙手抓緊桌沿，好不容易下了台，才發現已是汗流浹背。隨著講經次數的增加，膽子壯了，風儀也有改進。

他的演講也不是一開始就很「叫座」的。星雲曾毫不忌諱的對弟子記述一次「門可羅雀」的尷尬經驗。「大概是四十年前，有一次在宜蘭講經，時間到了，走上講台，卻發現台下一個聽眾也沒有，最初以爲自己記錯了日期、時間，可是仔細想想，沒有錯呀！站在台上慢慢等，等了很久，才姍姍來遲的來了幾個人，既有人來，只有開始講，一堂經講下來，台下也沒多出幾個人來。」

如今他的功力已達水到渠成、自然發皇的地步，不論是公開講經或是小型致詞、座談，場場熱烈，與當年不可同日而語。在佛光山若碰到來訪的團體臨時想請他說話，他剛下了課，也不知要講什麼，從西嶺到寶橋，前後不過五分鐘腳程，腹稿已經打好，進了朝山會館，就能侃侃而談，精采絕妙，贏得掌聲不斷，皆大歡喜。

十幾年來錄製電視說法節目，只須在半小時之前翻翻大綱，順一次口氣，即可面對鏡頭，他曾一天錄製一百集，而且沒吃過「NG」。

敏銳觀察社會需要

過去有些人聽經回來，別人問那個師父講得好不好，「太好了！」「講些什麼內容呢？」「聽不懂！」事實上，佛法要講得讓人聽不懂很容易，講得讓人聽懂才算高桿。

這些年來，台灣各地的法師漸漸增加，登台講經的也非星雲一人，爲什麼他會脫穎而出，廣受歡迎呢？中研院民族所研究員宋光宇在親聆幾次之後分析：「很多人都以爲講經說法，只要一間較大的屋宇，能夠擺下幾排椅子就可以了。但星雲大師不墨守成規，肯用智慧去觀察外界社會的實際需要，用頭腦去設計出適合社會需要的佈教方式。」

的確，親臨過星雲演講現場的人，都會對融合現代舞台效果和濃厚佛教氣氛的烘托，印象深刻。「布幕揭開，紅色地毯、藍色背景，襯托著五尊佛像，四隊負責獻供的居士，在聲聲鼓音指引下，分別捧著鮮花、明燭、水果、香茗，踩著乾冰製造出的雲霧效果緩緩而進，舞台燈光也隨著人物的進出而變化。五十位身著袈裟的法師執法器端坐台上，像極了傳說中的仙境，讓人不由得收攝心神。」

舞台效果雖然能吸引人的注意力，星雲講經之所以精采，更在於講題內容的設計及準確掌握聽眾心理，使人會意凝神。曾有人統計，在某次三十分鐘的開示中，總共響起掌聲七十二次。

觀察一般法師講經，發現他們是依據一部一部經典，逐字逐句解釋說明；講一部經往往要幾個月，甚至一年半載。據傳昔日天台宗智者大師講《妙法蓮華經》的時候，光是經題上的一個妙字，就一連講了九十天，因而有「九旬談妙」的公案。但是在現代社會中，多數人都很忙，白天上班，晚上應酬、兼差，要他們花幾個月去聽完一部經典非常困難；如果零零碎碎的聽些片段，也不能甚解。

而星雲看出現代社會重歸納分析，講求時間效率的趨勢，設計出以題目爲單元的內容，一個題目就是一段佛法，聽者花幾個小時就能領悟佛法的真諦。而這些題目又都和社會大眾的工作、生活、心理息息相關，例如「如何歡度老年生活」、「心病還需心藥醫」、「人生十問」、「生活與信仰」、「如何增進人生的幸福」等……。

大智圓融

雖然國語帶有些許揚州鄉音，但他身材偉岸、法相莊嚴，舉手投足之間，在在表現獨特魅力。無論是以事證理，抑是以理論事；或則明指，或則隱喻；或則遠舉例，或則近取譬，總是恰如其分，妥妥貼貼，讓人發出會心一笑，並產生深刻的說服力。

跟隨星雲多年的弟子、現任中華漢藏協會秘書長張培耕，佩服師父不但對佛教要義、叢林掌故及經典疑難了然於胸，又廣泛涉獵現代人文社會科學的知識。「最不容易的是，他把這一切靈活變化融會運用得天衣無縫；更了不起的是，雖然廣徵博引，互爲參證，但始終把握主題——從佛法出發，橫越浩瀚的知識海洋，最後又歸到佛法，這種隨心所欲，高度組織、駕馭、運用知識的能力，實在就是大智圓融——般若波羅密的崇高境界。」

數年前，他應中日問題研究會之邀，在日本國會大廈憲政館，宣講「二十一世紀的訊息」。演講後，一位五十餘歲的日本婦女表示，她聽演講二百場以上，看佛書數十年，卻一直不能理解佛法的奧妙，直到今天才豁然開通。河部利天教授更訝異的說，今天一席演講未提一個「佛」字，但不時傳達心靈淨化的重要，不時指出修心的妙法，禁不住衷心讚佩星雲是一位最能圓融闡釋佛法大義、難值難遇的活佛。

隨緣開示，觀機逗教

在內容表達方面，他的說法也非一成不變，而是依照聽講的對象，從不同角度切入。有一回，有個歌舞團請他開示佛法，先從佛教的天女散花、飛天獻佛等舞蹈開始，一直講到佛教的梵唄音樂、佛歌讚誦，並強調歌舞也能弘法，眾團員聽了個個貼心歡喜。

又有一次，文藝協會在佛光山開會，星雲以「佛教與中國文學」為題，從佛教傳入中國講起，講到佛經翻譯，中國文學中因而增添了新的詞彙；文學作品中又如何透露了佛教思想……。一場演說下來，文藝界朋友莫不豎起拇指，佩服星雲原來也是「行家」。

他也曾應中華戰略協會理事長蔣緯國將軍之邀，講過一場「宗教與戰略」，以自己對佛法的深刻體悟及豐富的人生歷練，暢談修行種種方便法門。此一「戰略」很快便攻下了所有聆聽者的「心底城池」。

其他如和國科會的人談佛教的科學觀，和經濟部的人談佛教的財富觀，和工程人員談佛教的建築。種種隨緣開示、觀機逗教的佈教方式，使得「大小根器，皆入佛法」。

然而如同歷史上眾多創新或改革，一開始都曾備受壓力，好比近代太虛大師用黑板輔助講說，竟給人說是妖僧，星雲也曾被說成是佛教的大魔頭，揚言殺之而後快。

但他未因此而卻步。星雲指出：「現代化是開發之意，這個名詞代表進步、迎新、適應、向上，不管國家、社會、宗教，都隨時代空間、時間的轉換，不斷尋求發展。佛教自佛陀創教以來，也無不隨時代，配合當時風尚，所謂契理契機，使弘法方式日新月異，讓人們更易接受。如經典方面，佛陀時代，以口授傳法；佛涅槃後，才有貝葉抄經、刻經、印經……，發展到現在的電腦大藏經……。」

這位佛教界的創意大師，如今已把當年抨擊他的人遠遠拋在後面，新一代佛教徒則視這些弘法方式爲理所當然：黑板進步爲白板、投影機、幻燈機、大螢幕電視牆；佛像供在國家會堂、鐘鼓響於都市鄉間。因爲有星雲的創意及遠見，才有今天現代化的佛教，深入社會各個角落。

第三部

紹隆佛種

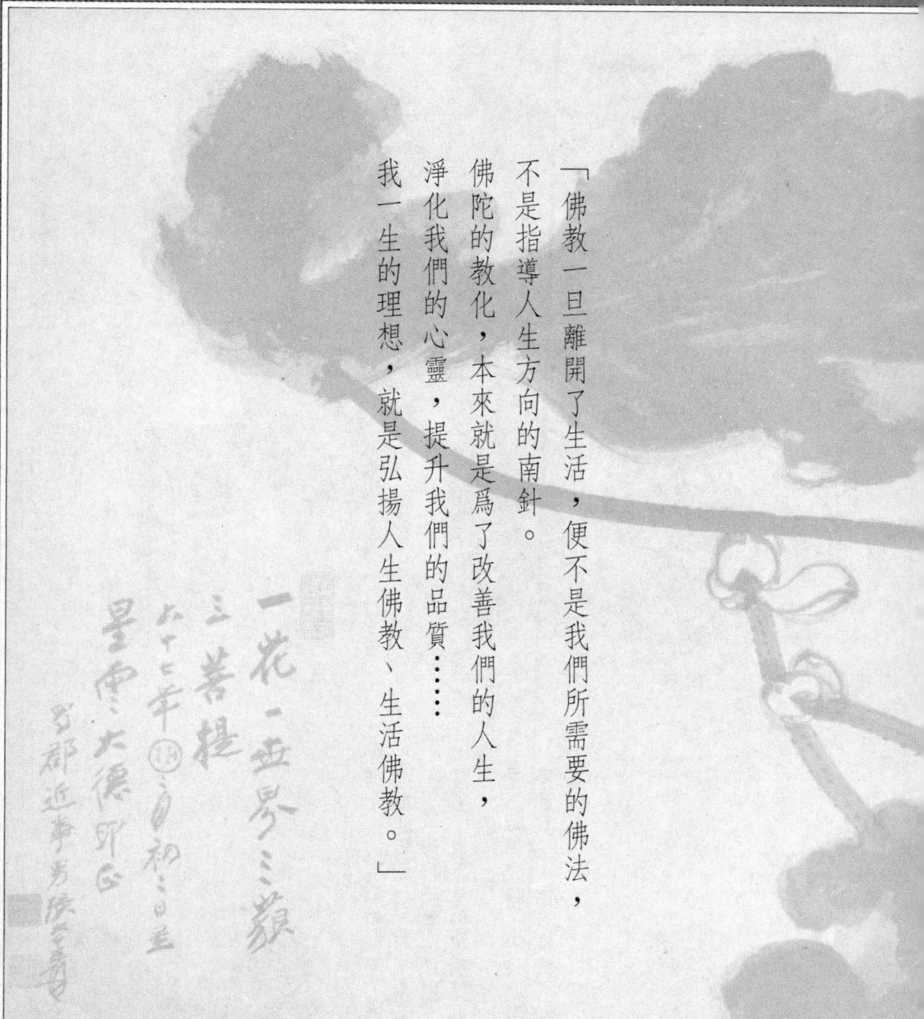

「佛教一旦離開了生活，便不是我們所需要的佛法，
不是指導人生方向的南針。
佛陀的教化，本來就是爲了改善我們的人生，
淨化我們的心靈，提升我們的品質……
我一生的理想，就是弘揚人生佛教、生活佛教。」

上：剛推平一大片麻竹林時的佛光山。
左二爲心平和尚，左一爲慈惠法師。

左上：星雲不但親自參與探勘、規畫，許多困難工程更是師徒同心協力完成的。

左下：大悲殿落成時，內政部長徐慶鐘應邀致詞，這是佛敎界首次的殊榮。

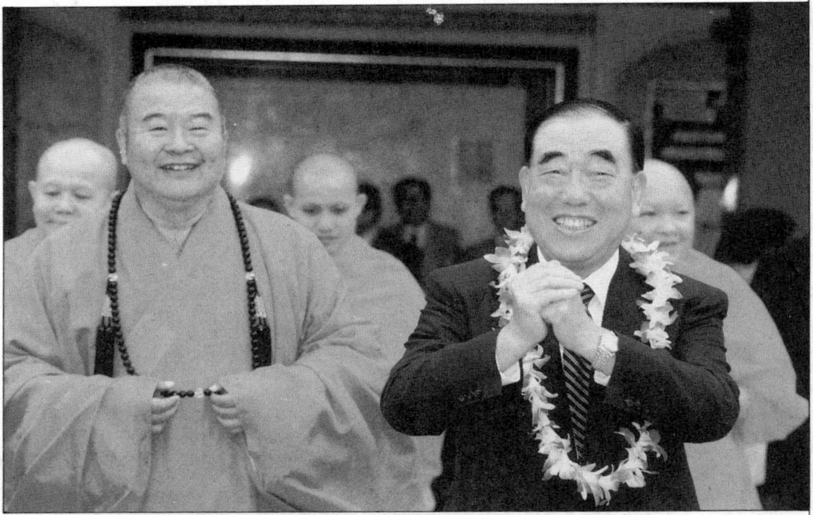

經國先生在行政院長、總統任內三度蒞臨佛光山。前行政院長郝柏村、監察院長陳履安也都曾是佛光山的嘉賓。

蔣院長面詢學生生活情形 民國六十二年六月十六日

右上：星雲獲頒美國東方大學榮譽博士學位。

右下：與教育文化界友人惺惺相惜。左起為高希均教授、遠見雜誌總編輯王力行及華視董事長武士嵩。

上：佛光山盛名遠播，美國副總統高爾亦曾到訪。

佛教不是受苦之教，而是幸福之教。星雲主張用積極的心情，珍惜世界上美好的一面。

第七章

南進拓荒創新局

善行者必須走更長的路；善泳者必須另找更廣闊的海洋。宜蘭固然是個可愛可貴的地方，但要發展佛教，應該找一處腹地更大、資源更雄厚的空間，星雲把注意力轉向高雄。

照佛家的說法，萬物因緣生，星雲在高雄先由單點的試探，到全面的展開，除了靠各方的助緣，最重要的是他有不畏艱困、堅持到底的精神。

早在二十六歲那年，駐錫宜蘭雷音寺期間，他即開始陸續到高雄講經，受到當地信眾熱烈歡迎，一直敦請他到高雄建立道場，並先後設置了高雄佛教堂、佛教文化服務處。後來獲得高雄市市議員洪地利等人支持，在壽山公園內建立壽山寺，他才開始定期往返宜、高兩地一北一南的據點。

佛學教育催生大叢林

然而，在內心深處，星雲知道，要在台灣振興佛教的命運，讓佛法普遍發揮淨化人心、端正風氣的作用，光有寺廟絕對不夠，當務之急是扎根佛教教育，培養新一代佛門血輪，才能談佛教的千百年大業。

抱著這樣的想法，自民國五十三年起他在壽山寺內創設壽山佛學院，招收了二十餘名對佛教有興趣的青年。不料第二屆、第三屆之後，學生日漸增多，壽山寺已容納不下。畢業於壽山佛學院、現任佛光山文化院院長的慈嘉法師記得，因爲空間不夠，她們晚上只得利用寺院一角的納骨堂自修。除了想改善學生讀書的環境，也想爲日後招收更多學生時做準備，星雲計畫仿照大陸叢林的規模、體制，在台灣南部設立一座兼具教育、文化、弘法功能的現代化道場。

這個心願一透露，不少信徒紛紛熱心協助，結果看中了澄清湖（當時名叫「大貝湖」）、現爲圓山飯店的那塊地，面積約二公頃。爲了買這塊地，不得不賣掉位於高雄中山路、幾位弟子共有的佛教文化服務處的房子，得款新台幣一百五十萬元。

奇妙的是，也許是因緣早已注定，又或是星雲獨立性格使然，就在錢湊齊了，準備簽約時，因爲弟子依嚴法師的一番話，情勢急轉直下，若不是這段插曲，也不會有今天的佛光山。依嚴說：「大貝湖是觀光勝地，我們在那裏建廟，應該沾光不少，遊客一定會順道來參觀、禮佛，蔣總統來大貝湖，說不定還會到我們這裏來。」

星雲聽入耳裏，心念澎湃，他希望自己所建的道場能吸引中外人士專誠來禮佛參拜，而不是沾名勝風景的光順道一遊，因此立刻決定放棄這塊地。當時固然有許多人摸不透他的想法，如今卻都肯定他的明確抉擇。日後，自信堅毅的星雲果然實現了他的壯志：幾十年來，佛光山吸引數以萬計中外人士專誠上山禮佛，絡驛於途，反而使附近地方沾光，紛紛遷就人潮，開發風景遊樂區。而蔣公雖然沒有機會上山，經國先生倒是分別在行政院長及總統任內三訪佛光山。

當大貝湖畔建寺計畫剛叫停之際，一對越南華僑夫婦急於償債，正在求售高雄縣大樹鄉麻竹園十幾甲的山坡地。輾轉託人找上星雲，希望他能伸援手買下，並說如果還不了債，夫妻倆只有自殺一途。

一方面出於慈悲，不忍見那對夫婦陷入絕境；一方面尋思：中國佛教的名剎古寺很多都在山上，所謂「天下名山僧占多」，在大陸，有峨嵋、五台、普陀、九華等名山大寺，卻都已關入鐵幕，何不在台灣接續傳統，開創一座位於山上的佛教大叢林？

眾人皆退我獨往

心意初定，邀約一些信徒去勘查地形。事隔近三十年，星雲仍清楚記得，那天他雇了一輛大巴士，和眾人一起前往探勘時的情景。

從高雄到麻竹園車程要一個多小時，路況顛簸，到達目的地，只見幾個山頭觸目均是粗壯的刺竹，荒草掩徑，大家都怔住了，竟沒有一個人願意隨星雲下車。異口同聲的說：「師父呀！算了吧！這種偏僻荒涼的地方，誰願意跑來禮佛，恐怕除了師父以外不會有人來！」

面對冷漠眼光及排斥聲浪，他絲毫沒有洩氣，只說：「好、好，你們不肯上山，那我一個人去也好。」說完他手持竹杖，一個人沒入密林中，剎時不見身影。信徒中有些雖仍不以為然，但也有不少人被他的精神勇氣所震攝。

足足等了一個多小時，才看到他衣襟上沾滿了草屑和紅泥，帶著笑容走下山來。

「對不起！對不起！害你們久等了！」一邊用手帕擦拭滿臉的汗水，一邊忙不迭的向大家表示歉意。

這一段經過歷歷在目，星雲至今都還常常打趣那天同去的老信徒：「當時說沒有人願意上山的人，這幾十年來不曉得已經上過佛光山多少次啦！」

後來有人問他，怎麼會決定在那麼窮鄉僻壤的大樹鄉建寺，他意味深長的解釋：當年在台北已有不少規模宏備的大寺院，由前輩法師主持，三十多歲的星雲，幾無容身之地。而且台北人際關係複雜，光是天天應酬開會，已疲於奔命，哪有時間專注於教育及弘法工作。因此他寧願轉到名利人我絕跡的小地方，從頭開始，也許反而有機會成就一番事業。

披荊斬棘的歲月

經過多次溝通，雖然贏得一部分信徒支持，開始踏出佛光山的第一步；但是闢建過程中的艱辛困難，以披荊斬棘來形容，一點也不爲過。

木工出身、幾十年來一直是建設佛光山的靈魂人物蕭頂順，自壽山寺時期即已跟隨星雲，親身參與的那段開山歷史，也成爲他個人生命中最光榮的印記。蕭頂順回憶當年他常常騎摩托車載師父到麻竹園，那兒完全沒有上山的路，要轉三個山頭，步行二小時，才到達最早動工之處（現在的佛學院）。

「完全是遷就地形，走到哪裏我就隨地用竹枝在地上畫一個簡單的圖，兩個人比手畫腳商量怎麼堆土填溝。」

「在風吹日曬裏，汗濕了又乾，乾了又濕。和師父從早到晚不停討論，常半夜才睡覺，天剛亮又開始工作。」

「由於地形不平，高低懸殊，光是整地，不知載了幾百卡車的土才將低谷填平。」

憨直內向的蕭頂順說：「當時經濟條件也不是很好，建到沒錢就暫時停一下，只想建一個小小的地方，山門前能停幾部車就不錯了！」

數十年南台灣的陽光把蕭頂順曬得黑亮健康，剛完成三寶殿工程的他，與師父默契十足。這位不善辭令的古意人一語道破心中感受：待在佛光山也許賺不到很多錢，卻賺到了歡喜；眼見一片麻竹林已開發出五十幾甲，每聽到人家稱讚佛光山，就深覺這一生活得「很有價值」。

如同螞蟻搬泰山

現任佛光山住持、宗務委員會宗長的心平和尚，是男眾弟子中最早參與開山工作的一個。他至今記得，開山伊始，師父叫他駐守在竹林內的一間草寮中，沒電沒水，到下面的山澗挑水一趟就要三十分鐘，晚上常一個人摸黑巡工地。當時山上還無所謂的「路」，堆土機上不來，第二、三屆佛學院的學生都合力去推；而每小時堆土機要收費三〇〇元，以當時物價及他們的財力而言，可謂天文數字，所以心平和尚最主要的任務就是盯緊堆土機，分分秒秒都不讓偷懶，「不能浪費信徒捐獻的每一塊錢。」

慈容法師自宜蘭跟隨師父來高雄，也是親身經歷開山艱辛的一員。她娓娓憶敘：「當時正建設東山龍亭的屋頂，有一天，屋頂才砌了一半，做混凝土的工人就下班了，為了避免灌漿中斷，將來頂裂漏雨，師父領導我們弟子趕工。晚上用兩輛摩托車的車燈照明，繼續施工，依嚴法師爬到屋頂上抹水泥，因為頂部過於陡峭，水泥黏不住，一直往下流，只好用雙手推上去抹平，結果雙手都被水泥侵蝕，皮破血流……。」不二門後面那條成佛大道，因為上下都有六十層的駁坎，材料搬運困難，也是星雲師徒親手完成的。

情況最危急的一次是賽璐瑪颱風來襲，雷雨中，放生池上游的堤防被沖毀了，細細黏黏的紅土，化成泥漿竄流；在星雲身先投入下，師徒排成一列傳遞石塊，堵住漏洞。狂風猛襲，大雨傾盆，最後連棉被都拿來堵洞覆土，直到單薄衣衫盡濕，天邊方露曙光……。

回想起那段胼手胝足的日子，星雲佇立在開山寮的陽台上，傳神形容為「螞蟻搬泰山」。

真空生妙有

依照時間順序排列，佛光山第一期工程包括東方佛教學院、大悲殿、觀音放生池、龍亭、彌勒佛像；第二期則是大慈育幼院、朝山會館、接引大佛、佛光精舍、大覺寺；第三期接著興建大雄寶殿、淨土洞窟、普門中學、萬壽園、佛教文物陳列館；第四期繼續蓋了麻竹園、地藏殿、峨嵋金頂普賢殿、大慈庵及信徒服務中心；

近年完成的則有檀信樓、金玉佛樓及如來殿等。

驅車前往佛光山，遠遠即可見到莊嚴宏偉的接引大佛，身高三十二公尺，排名世界十尊特大佛像的第六位。

星雲從兩手空空，建設出如今世界知名的佛教聖地，豈不正是「真空生妙有」的實例？

遠眺近觀，整個佛光山建築與地理環境的配置一氣呵成，分毫不差。論建築的氣派、廟宇的寬廣、佛像的雕塑、庭院的規畫、殿閣的布置……皆與眾不同，獨樹一格，誠所謂「一花一世界、一葉一如來」。

是誰擁有如此慧心巧思，灌溉出這片莊嚴叢林呢？說來叫人難以置信，佛光山不曾聘過設計師，也未設立工程專責單位，一幢幢殿宇、一座座屋舍，竟都是星雲一張白報紙、一支米達尺，或與工頭蕭頂順在地上以竹枝勾勒而成的。有人問他：「你沒學過建築，怎麼會建房子？」「不錯，我是沒學過建築，但是我從大陸到台灣，又從台灣到國外，我走過很多路，見過很多房子，每次我都仔細觀察，並想：如果我是建築師，這幢房子應如何設計？或這塊土地應如何規畫？一旦機緣成熟，不論興建道場、籌辦學校，一切早已成竹在胸，因此工作能順利進行。」進一步追問他成功的祕訣，只是四兩撥千斤的答說：「多用心而已！」

光明莊嚴之地

外觀上，佛光山具有古典宮殿藝術之美，將抽象的佛法，以具體的方式巧妙呈現出來。在內部設計上，吸取現代科學技術精華，以發揮多元化的社會功能，它有一流的多媒體視聽中心，也有設備完善的住宿及會議場所，會議廳中每一張座椅都裝有同步翻譯耳機，足以有效召開國際性會議。剛完工的如來殿大講堂可供二千二百人集會。此外，在全國各地道場中，佛光山首先採用電腦化管理；對外通訊系統也非常迅速方便。

不僅如此，在軟體上更處處可見爲他人設想的周到體貼。例如信徒遊客爬山渴了，路邊就近供應佛光茶；累了，有大樹涼亭休憩；朝山會館食宿俱全；信徒服務中心準備了免費的書報雜誌，還安排法師爲信徒解答日常生活或學佛信仰上的疑難……。

過去寺廟給人的感覺是老舊、晦暗、消沈；佛光山則是莊嚴、寬敞、光明。誠如一般企業的企業文化，通常是其領導者性格、理念的投射，佛光山也是星雲生命特質的具體呈現。固然有些人批評佛光山商業化、有錢，但更多企業界人士想了解他成功的經營之道，甚至認爲以其精密的頭腦及傑出的規畫能力，「如果去從商，一定可以媲美王永慶。」

近三十年來，高旗道上，每逢週末假期，車馬輻輳，上山禮拜的十方遊人、善男信女、觀光團體，如潮洶湧。海內海外，社會各界聞名前來的大人物不計其數，除了故總統經國先生，信仰基督教的李登輝總統也上山參觀過；國畫大師張大千、美國副總統高爾、泰國僧皇祕書、大文豪索忍尼辛、影星亞蘭德倫……，都曾慕名上山。民國八十年，美國《出版者週刊》（*Publisher's Weekly*）首次製作介紹台灣出版業的專輯，還以佛光山接引大佛做封面。

五十個佛教界第一

這麼多人來佛光山，對佛光山又了解多少？表面上，佛光山有逾一百萬信徒、近一百個別分院，實際上還擁有很多「佛教界的第一」：

佛教歌詠隊、電台弘法、第一張唱片、電視弘法、第一間講堂、在國家殿堂弘法、第一本精裝佛書、信徒穿著制服、每月印經、僧眾等級制度、環島佈教、佛門紀念品、青年學生會、民眾講習班、兒童班、星期學校、萬佛殿、幼教研習、光明燈、使用幻燈機及投影機弘法、佛化婚禮、印度文化研究所、大專夏令營、都市佛學院、信徒講習會、雲水醫院、民眾圖書館、如意寮、安寧病房（以上二者是給臨終病人及其家屬居住的地方）、檀信樓（信徒服務中心）、報恩法會、信徒香會、供僧法會、高樓寺院、行腳托鉢、世界佛學會考、禪淨密三修法會、回歸佛陀時代的千萬人集會、佛教文物陳列館、傳法大典、短期出家、友愛服務、佛教藝術展覽館、《佛光大藏經》、《佛光大辭典》、三軍及離島佈教、國際佛光會、二百人印度朝聖……。

開創這近五十個「佛教第一」，媒體、信徒都肯定星雲的睿智領導，紛紛表示「沒有星雲大師，就沒有佛光山」；他本人卻認爲佛光山有今日，「光榮歸於佛陀、成就歸於大眾、利益歸於常住、功德歸於信徒」。

當年星雲不想沾大貝湖的光，另選大樹鄉開創事業，今天高雄縣卻沾佛光山的光，受惠良多。例如地價上漲（三十年前一甲一萬元，現在是一坪六萬元）；裝設了自動電話、開闢柏油道路、增加就業機會；有了自來水、學校……。每年春節佛光山照例敦親睦鄰，舉辦村民聯誼會，備有大小家電、日常用品給居民摸彩。高雄縣舉辦的社區、民間活動，很多都假佛光山舉行，例如社會局的社區媽媽親職教育講座、敬老活動、集體婚禮等。對地方而言，佛光山不但是寺廟，也扮演社區精神文化中心的角色。

俯瞰佛光山，只見五座山嶺起伏有致，形如蘭花瓣，樹竹蒼翠繁茂，一片林海綠波之上，大佛參天，眾殿並立，屋宇嵯峨，簷角交錯，宛然佛國仙境，是一座集宗教、文化、教育、慈善、觀光於大成的全方位叢林道場，更是二十世紀弘揚中國佛教新精神的重鎮。

第八章

佛光世紀半甲子

順著接引大佛左手望去，陽光映照著高屏溪，粼粼水光日夜不息向西逝去。佛光山自民國五十六年創建以來，如今已然是南台灣最醒目的地標，也贏得了「亞洲第一大佛教勝地」的美譽。然而從佛教的觀點來看，物有成、住、壞、空，衡量佛光山的價值，若只眩惑於肉眼可見的屋宇殿堂，不免落入「相」的執著，也體會不出它存在的真實意義。認識佛光山，要深入它的宗風、中心理念，才能入寶山滿載而回。

打開山門，走入社會

佛光山的宗風其實源自於星雲一生致力的目標——人間的佛教、生活的佛教。年輕時他受民初太虛大師影響，覺醒佛教必須要「打開山門，走入社會」；及至年歲漸長，在台灣開展了自己的事業，當然便以佛光山做爲推動此一理念的勇氣與實驗之地。

在他的演講集中，有幾段話最能代表這位佛光山開山宗長的中心思想。「今日佛教最大的毛病，就是把佛法和生活分開，信佛教信了幾十年，但貪嗔癡還是非常的重；深入經藏的道理能說一大堆，但對人我是非得失就是不能放下。」

「因此佛教一旦離開了生活，便不是我們所需要的佛法，不是指導我們人生方向的南針。佛教如果不能充實我們生活的內涵，那麼佛教的存在是沒有意義的。佛陀的教化，本來就是爲了改善我們的人生，淨化我們的心靈，提升我們的品質……我一生的理想，就是弘揚人生佛教、生活佛教。」

「所謂生活佛教，就是睡覺、說話、走路，不論做任何事，都應該符合佛陀的教化。譬如佛陀告訴我們要發心，不只布施要發心，信佛要發心，甚至吃飯睡覺也要發心。只要發心去做的事，效果奇佳；發心睡覺，這一覺一定睡得很香甜；發心吃飯，這一餐一定吃得很可口；發心走路，再崎嶇的路也如履平地；發心做事，再困難的事也甘之如飴。」

「佛法中的發心，可以運用於我們的家庭生活上，敦親睦鄰、孝敬親長、友愛手足、幫助朋友。……佛法不是空中畫餅、嘴上說說而已，應該身體力行，徹底去實踐，不可以把生活和佛法分開。」

佛光人的信條

由「生活佛教」出發，他同時定下佛光山四大工作信條——「給人信心、給人歡喜、給人方便、給人希望」。時下企業界流行所謂的「創造遠景、建立共識」，星雲早就開始實行了，佛光山上的徒眾、學生、老師、工作人員，在精神、態度上都以四大工作信條做爲遵循的依據。二十多年來，星雲幾次以「怎樣作個佛光人」爲題，闡釋這些理念。

第一，佛光人要先入世後出世。今日佛教衰微，是因爲過分忽略世間滋生的問題，急於求證出世的解脫，致使世人以爲佛教是消極、厭世。但如果和人間的實際生活脫了節，國家不愛、父母不孝、族友不親，又能存容於天地社會嗎？所以佛光人必然要先有入世的事業，然後再求出世的依歸。

第二，佛光人要先度生後度死。佛教受社會最大的誤解是——佛教爲度死的宗教，專爲人死後誦經超渡。佛光人不反對功德佛事，但感到生者比死者更需要佛教。佛光人要推展佛教「從出家到在家」、「從寺廟到社會」，把幸福、歡喜布滿人間。

第三，佛光人要先生活後生死。學佛出家的終極目的固然是「了脫生死」，但開口閉口：「我喜歡過清淨的生活」、「我要入山修行」卻是好高騖遠、不切實際。古來大德宗師，他們學佛修行，都先發心爲人服務，有的願生生世世作一條老牯牛，爲眾人專事負重；有人發心服務苦行，一工作就是數十寒暑。百丈懷海禪師更提出「一日不作、一日不食」的生活清規，學佛要先辦好生活上的資糧，人人照顧好自己的生活，才能再談脫離生死輪迴。

第四，佛光人要先縮小後放大。「滿瓶不動半瓶搖」是現代虛華浮誇社會的通病，佛光人要像千年老松，經得起歲月寒暑的流遷；要像嚴冬臘梅，受得了冰天雪地的考驗，惟有忍耐的人才會成功，惟有縮小的人才能擴大自己。

以文化弘揚佛法

在這樣的理念架構下，今天「佛光山」已不單指高雄縣大樹鄉的佛光山寺，而是涵蓋了一千多出家僧尼、一百多萬信徒，影響力遍及海內外六大洲的一個「集合代名詞」。然而不論道場在何方，信徒有多少，佛光山始終堅守「以文化弘揚佛法，以教育培養人才，以慈善福利社會，以共修淨化人心」的四大宗旨。順著這個脈絡檢視，就可以清楚看出近三十年來佛光山做出了怎樣的成績。

在文化工作方面，他們以紀念開山二十週年行腳托缽法會所得之淨款，成立「佛光山文教基金會」，資助國內外佛教界的學術會議，獎助優秀人才深造留學。贊助佛教雜誌《善知識》、《福報》、《佛教新聞週刊》的出版，並捐贈圖書給各地圖書館、監獄、學校等。費時十年考訂、注釋、索引的《佛光大藏經》；榮獲民國七十八年金鼎獎的《佛光大辭典》；以及最佳工具書的《佛教史年表》，都是佛光山編藏處默默耕耘的結果，被譽爲研究佛學的三寶。

此外，民國四十六年創刊的《覺世》，爲十天出版一期的旬刊，每期發行逾十萬份，發行網遍及四十二個國家、地區。這份免費贈閱的刊物，每年雖耗資新台幣一千萬元以上，但因爲扮演著海內外幾百萬佛教徒溝通的橋梁，仍然堅持出刊不輟。民國六十八年創刊的《普門》雜誌，則以普遍化、大眾化、生活化、文藝化、趣味化、國際化爲宗旨，每月發行量超過三萬份，讀者分布歐美、東南亞、中國大陸、紐澳、南非等三十餘地。多年來，國內宗教性刊物陸續均有發行，現存亦有幾十份之多，但《普門》是惟一有廣告收入、經銷網路、電腦管理，並且能自給自足的一座弘揚佛法的燈塔。

由於星雲本身自年輕時代即對文化工作興趣濃厚，四十幾年來能寫、能編、能講，也一直很重視培養這方面的人才，佛光山派下的慈惠、慈嘉、依空、依昱、依晟、依淳、永莊、永芸、滿果等法師，是老、中、青三代中幾支「好筆」的代表。以星雲本人而言，四册演講集幾十年來爲長銷書，《釋迦牟尼傳》、《玉琳國師》、《十大弟子傳》、《星雲禪話》、《星雲法語》、《星雲說偈》……也都很受歡迎。

有近四十年歷史的佛光出版社，出版了經典、概論、學報、文選、史傳、教理等數百種叢書，近來更朝漫畫、兒童書、有聲書、錄影帶發展研究，用現代包裝介紹傳統佛法。加上佛光學報、佛光書局，已構成綜合性、現代化的文化事業體。

其他如「佛教文物陳列館」、「佛光美術館」、「敦煌古展」、「佛教藝術展」等，更是以藝術和佛教結合，提升社會大眾的心靈層次，並賦予佛教新的詮釋。

以教育培養人才

在教育及培養人才方面，從最早創於民國五十三年的壽山佛學院，到今天三級僧伽教育（詳見第九章「佛門龍象」），前來佛學院向學求法者人數增加，素質也年年提高，擁有大專學歷以上者達三成，其中也不乏已在社會上工作一段時間的人，放下名利身段，重新入學接受佛法洗禮。

本著人間佛教的理想，佛光山也從事一般學校教育及社會教育。在幼教系統方面，他開創了全國第一所佛教幼稚園——宜蘭慈愛幼稚園，歷屆畢業生已達三萬餘人，分布於社會各個階層。目前還有台南慈航幼稚園、善化慧慈幼稚園、佛光山普門幼稚園。在中學教育方面，先後創設智光商職、普門中學。校址設於佛光山寺的普門中學，分初中部及高中部，六十一年創校時學生只有九十一人，現已超過一千六百人以上。由於教學認真、管理嚴格，近幾年申請入學者眾，也曾獲教育部、教育廳獎勵爲台灣省優良私立學校之一。大學則有位於美國洛杉磯的西來大學，走小而精緻的路線，教師、學生來自世界各國，爲國際佛教學術交流中心。至於積極籌備中、暫訂於民國八十四年開始招收研究生的佛光大學，則是一所綜合的大學，著重社會文化精神教育。

從四十年前的幼稚園，到今天的高等學府，充分呈現星雲對於教育工作的熱情及執著。

爲使信徒在禮佛參拜之外，還能研讀佛學、深入般若智海，星雲善巧慈悲，自民國七十二年在高雄普賢寺首創「都市佛學院」。接著在各地別分院也都陸續開設。三個月一期，學員利用下班後來上課，素質普遍很高，包括大學教授、中學教師、企業界主管、公務人員等。這些融通體貼的設計，使佛教能積極走入人間，而達到兼顧深度、廣度的效果。

另外，鑒於社會多元化，爲因應十方信徒之需，也開設一般技藝教育課程，如素菜烹飪班、婦女合唱團、書法研習班、青少年樂團、太極拳……等，定期舉行展覽或發表會，成績斐然。

以慈善福利社會

談起佛教所從事的慈善事業，許多人也許立刻聯想到證嚴法師領導的慈濟功德會，其實佛光山系統進行的慈善工作，歷史比慈濟功德會要久，範圍也很大，只是多年來一直未對外做公關或有系統的宣傳，外界不得周知。

在「以慈善福利社會」的宗旨下，秉持佛教慈悲爲懷、民胞物與的精神，佛光山的慈善及社會福利事業是由「慈悲基金會」來統籌。其下包括大慈育幼院（撫孤）、佛光精舍（養老）、宜蘭仁愛之家（濟貧）、佛光施診所、雲水醫院（巡迴義診）、僧伽互助基金會、友愛互助隊（探訪）、萬壽園（墓園）等，可以說從人的出生到壽終，均涵蓋在內。並定期舉辦放生、冬令救濟以及各種臨時性的賑災或急難救助。

三十多年前因車禍成爲植物人的王曉民，面臨家庭經濟破產、無力繼續就醫的困境；母親也身心交瘁，再難照顧愛女，近十年來即是由佛光山慈善單位照顧她們母女二人。萬壽園則免費提供二千個納骨龕給高雄縣政府社會局，讓孤貧的死者有安息之地。

一時的惻隱之心人皆有之，長久的慈悲則需要耐心和毅力。宜蘭仁愛之家原名仁愛救濟院，二十幾年前爲某基督教會所有，因爲維持困難而由星雲接手，也接下千百位孤貧老人的命運。當年佛學院剛畢業就志願來服務的紹覺、依融兩位法師，幾乎奉獻了半生歲月，日復一日，年復一年，爲老人家洗滌餵食、侍候湯藥、料理後事，實在是行菩薩道的最佳注腳。他們二人曾同時榮膺全國好人好事代表。

另外像中國大陸長江流域的水患、去年道格颱風造成南台灣豪雨成災，佛光山也都率先發起捐款及濟助行動。

不但是行善不欲聲張，佛光山慈善工作還有一項與眾不同之處——特別體貼、顧念受幫助者的心理及尊嚴。設於佛光山上的大慈育幼院，住了約一百位五至十二歲孤苦無依的孩子，除了給他們生活上的庇護，更注意性格上的發展，避免讓孩子產生自卑、孤僻或攻擊性的傾向。

星雲曾多次關照育幼院的主任、老師說，要視這些兒童爲我們的心肝寶貝，個個都是王子、公主，到學校去一定要服裝整潔，便當裏的飯菜一定不能比別的同學差，要讓孩子覺得受尊重、有幸福感。在「大慈」裏面，有些父母不詳的孩子，報戶口的時候跟著星雲的俗家姓，姓李，星雲也真的視他們如己出。他堅持謝絕外界參觀，不叫窮，不拿院童爲號召來籌募捐款，以免造成小小心靈上的二度傷害。走在「大慈」潔淨詳和的院舍中，看著孩子精心布置的活動室、臥房，耳邊響起蕭碧涼主任婉柔卻堅定的聲音：「這裏是一個家，一般家庭不會隨便讓外人參觀的。孩子們既然叫我一聲媽咪，我們就要給他們一個安全溫馨的環境。」

總體來說，據佛光山統計，以幫助低收入戶及貧困患者爲主的佛光施診所，平均一年要爲三萬多人診療；雲水醫院下的二十三輛義診車，逡巡於全省二十八縣市，五十多鄉鎮，一百多個村落，服務交通不便地區的病患，一年約耗資五千多萬元。在萬壽園中設有「如意居」六間，供臨終病人與家人共聚，讓他們安心走完人生最後一段旅程。急難救助則包括施棺、施糧、醫藥補助等。

以共修淨化人心

然而，佛光山畢竟是一宗教組織，法會、共修、修持、誦經、禪坐等活動均已發展得很完整，以期十方信眾來到佛前身心清淨、法喜充滿。除一般性定期共修、禮佛拜懺，還提供個人閉關、僧信共修、各種法會、八關齋戒、精進佛七、信徒朝山、印度朝聖、別分院巡禮、信徒香會等活動。由於各種共修的因緣而入佛門、開發善根的人，在佛光山找到了信仰中心及性靈寄託。

今日的佛光山，以組織規模論，應算是台灣最完備的；以信徒人數論，也在前列之內；以社會影響力而言，少有其他佛教團體能望其項背；以知名度來說，也鮮有人不知佛光山。不少民眾一見到出家人便直覺的問：「你們是不是佛光山來的？」幾乎把佛光山當成台灣佛教的代表性符號了。

看看整個佛光山海內外龐大的機制，運轉不停的齒輪，一個「咬」著一個，密密合縫，這律動的背後，正是有一雙大手在運籌帷幄——星雲大師。

唸珠繫著時代脈動

有人因此指出，在中國佛教傳統的「八宗」之外，近年來，儼然已有另成一派「佛光宗」的架勢，對於這一點，星雲自問從沒有要成爲一代宗師的野心，甚至表示這種說法太抬舉他了。然而回顧過去三十年的努力，他頗感安慰，因爲佛光山樹立了以下幾項成就。

一、建立現代教團的體制。包括：

1.兩序（男、女）有級，平等發展；

2.僧信四眾和諧相處；

3.奠定教團事業基礎；

4.文化教育上的成就。

二、建立國際佛教體系。包括：

1.國際佛光會；

2.各國道場；

3.國際會議；

4.宗派交流。

三、建立人間佛教的社會。包括：

1.生活法語；

2.佛化家庭；

3.社會運用；

4.多項活動。

四、建立兩岸交流方式。包括：

1.北方文化事業；

2.南方教育事業；

3.佛協為基礎；

4.文教為本懷。

從零爲起點，以無盡爲終點，星雲的唸珠繫著時代的脈動，自今而後，仍將本出世的精神，續走入世的路。佛光山，在中國佛教發展史上，無疑也會留下不可磨滅的軌跡。

第九章

佛門龍象

為求真理登淨域，爲學佛法入寶山。

自創建以來，佛光山在組織規模上堪稱宏備完善；在運作機制上也已步上軌道，然而真正使這個團體發光發亮的，是星雲四十年來苦心開發的能源——佛教人才。

出身中國古剎叢林，受過完整佛學教育，星雲很早就察覺佛教發展與人才培育之間的密切關係，也把薪傳分燈當做終身職志。初來台灣那幾年，他因爲任職於台灣佛教講習會，有機會了解本地佛學教育的狀況。他發現當時台灣僧尼的教育程度普遍不高，甚至夾雜了許多本身大字不識一籮筐，只靠多年口誦記憶，喃喃唸經的「菜姑」。四十年前若有一個中學畢業程度的人出家，「不得了了！佛門有了知識分子啦！」另有一些人完全靠給亡者做法事超渡賺紅包錢，成爲絕少閱讀經典或研究佛理的「焦芽敗種」。曾有人比喻說，他們大多是出自「補習班」，在正式佛學院受過教育，出身「官校」者可謂鳳毛鱗角。

人才為中興之本

當時星雲年紀雖輕，卻已看出，如同一個國家，「人才爲中興之本」，若要扭轉佛教的命運，也必須從根本做起——培育人才。在宜蘭時期，其實已有部分青年要求跟隨他出家，都被婉拒了，因爲當時沒有地方可以供他們讀書，直到在高雄壽山寺設佛學院，才開始真正聚攏青年人才，接受弟子出家。

民國五十七年一月八日的《中央日報》，以「台灣首批佛學士」爲標題，報導了東方佛教學院（前身即為壽山佛學院）的畢業典禮。這二十位首居畢業生，不僅是星雲辦佛學教育的第一份成果，也象徵著佛教渡海而來的薪傳；以及本土培育的人才，未來將在佛教發展上扮演舉足輕重的地位。

在星雲心目中，東方佛教學院是一所佛教新芽的溫床，必須融合傳統精神與現代知識，雖然當時物力、人力均得之不易，他仍設計出一套教育制度，不但是日後佛光山教育體系的基礎，其他佛教學院也引用作爲參考範本。

東方佛教學院修業時間三年，採學分制，聘請的都是一流師資，佛學方面包括讀過大藏經好幾遍的方倫先生、唐一玄先生、會性法師、煮雲法師等。現代課程則有自然科學概論、社會科學概論、知識哲學概論、中國通史、西洋通史、中國文學、西洋哲學、中國文化基本教材；還有外文、應用文及體育、課誦等。

第一屆的畢業生都非常優秀，如今不是住持一方，就是在各學院教書；或是講經佈教的高手，或是深研佛學的專家。

後來陸續收了第二、三屆學生，人數達七十餘位，一方面欣見八方人才匯聚，一方面擔心不能提供給他們較好的求學環境，使星雲動念另覓地方辦學，也才催生了日後的佛光山。

接引大專學生學佛

俗語云：「寧帶一團兵，不帶一堂僧。」當初慈航法師在世時也曾說過：「如果你和誰過不去，你就勸他辦學。」辦佛學院的艱辛，可見一斑。

自辦佛學院開始，星雲所有的學生不但免費讀書，還要供膳宿和衣單、簿本。雖然他咬牙苦撐，仍有好心人警告他：「你和學生會沒有飯吃。」又說：「你一無所有，以後信徒會不敢和你接近。」然而他非常清楚自己在做什麼，買下大樹鄉麻竹園的土地，第一幢完工的建築物就是寶橋以西的佛學院，可以說沒有佛學教育，也就不會有今日的佛光山。

爲了籌措學院的日常開支，一向不主張趕佛事經懺的他，被迫到殯儀館替人超渡，經常在太平間替剛往生的人唸經，一唸就是通宵，因爲這樣單襯（紅包）會比較多一點。由於唸經的人手不夠，負責教務的李小姐甚至發心剃度，參加幫忙誦經的行列，那位李小姐就是現在的慈莊法師。負責訓導的張老師則每天去麵包店幫忙包裝糕餅糖果，希望獲得別人多一些贊助，她就是今天的慈惠法師。還有慈容法師、吳寶琴、楊慈滿等信徒，也把教幼稚園的所得，全部奉獻出來支應學院的開銷。蕭碧霞則變賣房產，作爲佛光山文教基金。日後慈容法師爲佛光山建設許多慈善事業，甚至後來發展推動佛光會，慈莊創建西來寺，慈惠並籌設西來大學、佛光大學。

除了常態性的佛學院，星雲尚且希望幫助青年知識分子走出學術的象牙塔，接近、了解生命哲學的堂奧，自民國五十八年開始舉辦「大專佛學夏令營」。此舉不但爲佛門網羅了優秀人才，例如佛光山依淳、慧開、依空、依法等法師及勇敢護教的昭慧法師，都是由歷年夏令營中入佛道的，目前均已是佛教界的精英；也爲日後大專院校內學佛社團蓬勃興盛種下善因。

辦學態度誠意堅定

在草創事業之初，培育青年人才是星雲投資財力、心力最多的項目，但其中的困難鮮少有人知道。辦佛學夏令營的第二年，開營在即，山上的水塔突然發生故障，第二天要上山來的六百位大專青年的飲水洗澡成了棘手問題。白天，星雲親自督導工匠把水管修好，晚上不放心，還徹夜守在水塔邊，耳朵貼在水塔壁上，焦急的傾聽。直到凌晨三時，馬達終於轉動，汩汩水聲傳來，他才放下一顆忐忑的心。

多年之後，他向親近弟子坦露當時的心情說，要是水再不來，他發願將全身血液變成清水，給即將上山來的大專青年洗澡飲用。

在籌設中國佛教研究院研究部時，星雲還曾率領學生捲起袖子、繫上圍裙，爲香客煮飯炒麵，希望他們吃得歡喜，願意出資協助辦學。

受了他堅定誠意所感動，真的有不少人伸出援手相助，第一代弟子慈莊法師便親身經歷了一段猶如「菩薩顯靈」的神奇故事。她至今仍清楚記得，一年，手邊可用的錢幾乎告罄，又逢夏令營學生要上山來的前夕，伙食費全無著落。正在坐困愁城，一位頭戴斗笠、莊稼打扮的赤腳鄉下老阿媽，在圓門出現，指名要找山上當家師父，由慈莊法師出面接待，招待她吃米粉羹。那位老阿媽吃完，順手拿出一包報紙包的東西，「這個交給大和尚，隨你們怎麼用。」隨即轉身飄然而去。打開紙包一看，裏面赫然是疊放整齊的五萬元新台幣，解除了燃眉之急。直到今天，沒有人知道那位老阿媽姓何名誰，來自何方。

佛弟子面貌一新

幾百年來，佛教衰微，在一般人的刻板印象中，出家人似乎都是老態龍鍾、了無生趣，但星雲認爲現代佛教應該是生意盎然、與時俱進的，不但「佛教需要青年，青年更需要佛教」。如今，走在佛光山叢林學院裏，一張張光潔清新的面孔，一聲聲親切問候，琅琅書聲、能靜能動；證明在星雲的努力下，中國佛子的確已展露了不同的氣質面貌。

如果說壽山佛學院是一株幼芽，目前佛光山的佛學教育已是一棵枝幹繁茂、發榮滋長的大樹，結出了豐碩的果實。

佛光山的教育體系基本上分成三級。最高一級爲中國佛教研究院，下分弘法教化、僧伽教育、義理儀制及法務行政研究班，招收研究員（碩士以上程度）及研究生（大學以上程度）。凡修業三年，研究期滿，成績及格，且能提出六萬字以上佛學論文，經審查通過者，授予佛學碩士、博士學位。

其次是佛光山叢林學院，分國際學部及專修學部，前者是爲培養優秀之國際弘法人才，促進國際交流而成立的；後者修業四年，下設經論教理、法務行政、社會運用、文教弘法等系。

第三級爲東方佛教學院，下分男眾、女眾二部，修業二年。

從基礎佛學教育到最高級的研究部，每級學制環環相扣，體系完整一貫。歷年來的教育課程設計，採取傳統與現代並進，修行與慧解並重的方式。近年來由於國際弘法的需求，尤其注重外語教育，電腦也列爲必修課。

目前教育院下共有十一學部、二十八班，近八百位學生、二百位老師，可說是中國佛教界學生最多、素質最整齊的一所佛學院。在星雲的理想中，還希望能朝著當初印度那爛陀大學三萬人的目標前進。

媲美孔門七十二賢

經過三十年栽育，至八十三年年中，佛光山的僧團人數已超過一千一百人，近來每年約以一百人的速度在增加。其中出家男眾二百二十五人，出家女眾九百三十七人，師姑三十人。年齡分布以二十一歲到四十歲之間最多。教育程度方面，專科及大學畢業的占七〇%，另有碩士三十五人，博士三人。除台灣本地的徒眾外，尚有十分之一分別來自美國、法國、新加坡、馬來西亞、尼泊爾、越南、泰國、印尼、香港等國家及地區。

佛光山出家人有一個頗特殊的「紀錄」——「親屬檔」很多。例如慈莊法師一家三代（父親慧和，侄兒慧龍、慧傳）都以星雲爲師；姊妹關係的有三十餘對，如慈容法師、依來法師；其餘還有兄妹檔、兄弟檔、母子檔、母女檔，先後投入佛光山門下，便改以師兄弟相稱。

自孑然一身來台，包含星雲在內，目前佛光山僧團已有三代成員。第一代當然是開山宗長星雲，第二代中，依入門先後，女眾分別爲慈字輩、依字輩、永字輩、滿字輩及覺字輩、妙字輩；第三代則爲道字輩。男眾第二代爲心字輩、慧字輩；第三代則爲乘字輩。有一次，著名歷史學家黎東方博士尚且誇讚佛光山的人才比孔子門下七十二賢還要齊全。

三千威儀、八萬細行

有鑑於過去教界一旦弟子眾多，內部難免紛爭時起，星雲創立了一套頗特別的人事系統。從收第一批弟子以來，他即立下「佛光山人不私收徒眾、不私設道場」的原則。目前所有徒眾都是常住公有，沒有任何私人班底，第三代女眾的剃度師父以慈莊法師爲代表；第三代男眾的剃度師父則以心平和尚爲代表。第二代一律稱星雲爲師父，第三代則稱他爲師公。

觀察者認爲，這套系統避免了營私結派、利益瓜分的弊病，也是值得其他團體仿效的「人際倫理」。

因拍攝電視節目「愛心」而與佛光山結緣的電視製作人周志敏，對於星雲「強將手下無弱兵」，曾做過一番生動的記述：

「記得民國六十八年底，爲了要製作一集定名爲『佛光普照』的節目……正月初六，當所有的人都還沈浸在春節歡樂的氣氛中，我與四位工作同仁，來到了佛光山。……第一次認識了佛光山諸位師父的大才，是在抵達佛光山半小時之內。慈惠法師看過我的企畫之後，一言不發，十五分鐘後，她交給我一張表格，上面清楚的寫明，幾點至幾點在何處工作、支援人數、作業方法、表現主題等。設想之周密、精確，簡直無懈可擊。以後在山上兩天的工作時間裏，我就是靠這張表格在進行，而毫無差錯。」

事實上，這就是星雲平日行事風格的再現。任何一項活動，事前縝密構思、開會討論、規畫分工；事中按部就班、井井有序；事後立刻檢討改進，以求下次做得更好。

很多人都有同感，一踏入佛光山派下的別分院；或與他們的比丘、比丘尼接觸，立刻就會有「不一樣就是不一樣」的印象。包括舉止從容、應對合宜、服裝整齊。所謂「三千威儀、八萬細行」表現在一舉一動之間。他們除了嫻熟叢林中的四十八單職事、基本的三刀六槌技藝；為因應時代變遷，還具備著書、立說、法務、社教、會計、駕駛、電腦等本領。佛法為體、世法為用，乃是度眾之方。

人才永續經營

深入與他們接觸，發現這一切都是源自星雲「人才永續經營」的概念。溯自開創佛光山之初，正是物力維艱、用人之際，他毅然送慈莊、慈惠、慈容、慈嘉、慈怡等法師赴日深造，許多人勸他打消念頭：「他們如果一去不返，豈不人才流失；若是回來，你又如何領導這些高級知識分子呢？」他清風朗月的回答：「今天我苦一點不要緊，一旦他們回來，可以幫佛教做很多事。」

果然，念教育的慈惠法師日後成了佛光山教育體系大將；慈嘉、慈怡法師領導編纂《佛光大藏經》、《佛光大辭典》；對工程有興趣的慈莊法師，在世界各地幫他建設了許多別分院。專攻社會福利的慈容法師則在組織、行政及督導大型活動方面展現長才。

由於後繼有人，他才能安心退居幕後，弘法演講、雲遊四海，而佛光山仍一切運轉正常，欣欣向榮。

近十餘年來，爲提升徒眾的素質，他又不斷遴選有深造潛力的弟子出國讀書，現在在國外進修的有日本慈怡（博士班）、依昱、依馨、永傳、滿庭等；美國慧開（天普大學博士班）、依法（耶魯大學博士班）、滿冠、覺穆以及美國加州大學數十名弟子；法國永賢、覺航；英國牛津大學永有、依益；巴西聖保羅大學覺誠、覺聖；印度國際大學依華；南非開普敦大學滿明；韓國依恩……共約一百人。他們深知師父送自己出來讀書用心良苦，也都能兢兢業業、奮發求學。

星雲座下這一批佛弟子是中國佛教史上素質最優秀整齊的精英，擅長英、日、法、藏、巴利、韓……等語文，也是將佛教傳揚至世界各地的開路先鋒。

人生最大的幸福，莫過於讀萬卷書、行萬里路、做萬種事、度萬種眾。「我一直鼓勵徒眾到國外旅遊或弘法，主要是讓他們知道，佛光山只是弘法前的準備站，不是固定點。」爲了擴展佛教青年的視野，呼吸大地的遼闊廣袤，星雲依弟子出家資歷、工作發心、才能貢獻等標準，訂出參學進修的辦法，使他們不斷在觀摩學習中，增長見識，開拓生活領域。如今佛光山千餘徒眾幾乎已都到國外參訪過。

由他培養出的現代僧青年，與過去獨伴青燈木魚、死守深山孤廟的出家人，差距已不可以道里計。

他人識寶我識人

以前看到年輕的僧尼，很多人會說：「唉唷，好可惜，這麼年輕就出家了！」可是入了佛光山卻一點也不「可惜」，因爲佛光山一方面注重人才的投資，一方面有發揮的空間。在這個「全方位」的佛教事業體內，星雲「善知眾生性，不起分別心」，依弟子專長、興趣，協助他們選擇發展方向。所謂「容他、化他、用他」，務使人盡其才。

例如口才好的慈惠、慈容、心定、依空、慧傳等去作佈教師；有文藝傾向的依晟、永莊、永芸、滿光等去做出版、編雜誌；有佛學基礎的慈嘉、依淳、心如、永明、永進、滿果等去編藏；有慈悲心的慧龍、依忍、依品、依來等去慈善單位服務；性喜寂靜的依嚴、慧日、堅寬等專意潛修；向學心切的慈怡、覺三繼續讀書深造；企畫能力強的慈莊、依敏、慧禮參與建寺工程……。

星雲是一位人才的採礦者、雕塑家。弟子感佩師父的知人之明：「他了解我們，比我們對自己的了解還要深。」有一次與一位經營珠寶生意的信徒談話，提起珠寶鑑定問題，星雲自信的說：「他人識寶我識人。」

在佛光山出家的青年，不同於一般人想像的是出於失意、失戀、看破紅塵，相反的，幾乎都是心甘情願，懷著服務眾生、化小愛爲大愛的慈悲心而選擇了這條人生的道路。所以他們快樂、積極、健康、氣質不俗，讓人對佛教耳目一新。一些傲慢的知識分子也不得不調整他們對出家人的偏見。

至於他們的家庭方面，早些年還有的父母會反對子女出家，硬把子女拖回去。

最近以來，佛學院的學生大多是在父母贊同或鼓勵下來報到；剃度時也是全家蒞臨觀禮。昔時唐朝宰相裴休的「含悲送子入空門」與現代父母的「歡喜送子入佛門」，迥然不同。

星雲爲人行事的精神，在弟子身上常依稀可見。作家蕭鴻對此有所體會：「佛光山的諸多執事，受到大師的訓誨薰陶，無不彬彬有禮，在路上對面相逢，一定會合掌問訊，如果道路稍狹，他一定站在路邊，等對方先行。這絕不是造作，惟有誠於內才會形於外，大師的謙恭美德，從他弟子的身上，可以充分表現出來。」

參加民國七十九年佛光山青年學術會議的一位學者也感受到「佛光山僧眾熱面熱心的朝氣」。

一位天生的教育家

教育部常委鄭石岩發現，星雲是一位天生的教育家，有許多理念非常值得教育界人士借鏡。例如星雲小時候於棲霞山讀書，看到老師處罰不守規矩的同學，叫他們去拜佛、跪香；他就想，拜佛是多麼神聖美好的事，怎麼可以拿來當作處罰。因此，今天在佛光山學院裏，不守規矩的處罰是「去睡覺，不准拜佛」。學生在床上愈睡愈慚愧，當又被允許拜佛時，往往長跪頂禮，熱淚盈眶。

他強調「心」的教育，以鼓勵代替責備，以關懷代替呵斥，常引仙崖禪師的故事來提醒為人師表者：一位學僧常利用晚上時間，偷偷爬過院牆到外面去夜遊，仙崖禪師夜裏巡寮時，發現牆角有一張高腳凳子，知道有人溜到外面去。他不動聲色，順手把凳子移開，自己站在凳子的地方，等學僧回來。夜深了，遊罷歸來的學僧，不知凳子已經移走，一跨腳就踩在仙崖禪師的頭上，隨即踏下地來，才看清是禪師，慌得不知如何是好。

但仙崖禪師毫不介意的安慰道：「夜深露重，小心身體，不要著涼，趕快回去多穿一件衣服。」

此事仙崖禪師從來不提，全寺大眾也沒人知道。但自此之後，一百多個學僧，再也沒有人出去夜遊了。

養弟子如養蘭，既積學以培之；更積善以潤之。除了以道相應、以法接心，師徒間的關愛、體恤更凝聚了僧團的向心力。

依空法師覺得「師父像父親，我們和他可以無話不談」；自喻為佛門中智慧最高的舍利弗，依空說：「師父就是佛陀，如果沒有碰到他，我不會出家。」再頑劣的闡提眾生，接受他的慈悲攝受，都有成聖希賢的可能；再駑鈍的驢馬，經過他細心調教，都會變成日馳千里的神駒。她記得有一次搬寮房，師父交代人給她安排一間大一點的，「因爲依空要放很多書」；安頓下來以後，又叫人幫她裝一只枱燈，「因爲依空要讀書」。

心澄法師也回憶：「有一年我在彰化遭遇車禍，師父到病房探視，望著師父額上未乾的汗水，心裏慚愧萬分。師父看到我一隻腳纏著紗布，門牙斷了好幾顆，那種不忍的神情，就好像是他自己受傷般痛苦，令我至今難忘。」

山上人多事雜，難免有些意見不合，可是每個弟子都會有一個念頭：「師父對我最好，我受了什麼寃枉，只要師父了解就好了！」

如友、如師、如父

師父對弟子如此，弟子更湧泉以報。每當師父巡視全山，或南北奔波弘法講經而誤餐、疲累，弟子總是隨侍在側，一杯熱茶、一頓熱飯、一條熱毛巾，恭敬體貼自然流露。

星雲患糖尿病多年，需要定時吃藥控制病情，每餐飯後，只見弟子悄悄遞上丸藥及一杯溫開水，見師父和水吞下，才安心退開。近幾年他坐車旅行的機會多，每次上下車，隨行弟子一定會幫他用手隔開車門框，深怕身材高大的師父不小心碰了頭。

幾十年來，點點滴滴，早期弟子與他既是師徒，也是道友；年輕徒眾則視他如父。「師父很偉大，但不是傲然不可親近的山，他像空氣，呼吸起來很自然；空氣很重要，沒有空氣我們就死了，但不覺得空氣對我們有壓迫感。」

一次談到孝順的話題，星雲感慨系之：「父母年輕、利用價值高時，子女你爭我奪，此時是籃球；中年之後，子女們你推來我推去，此時是排球；一旦老邁年高、行動不良，孩子們你一腳、我一腳，惟恐踢不出去，此時是足球。」「我十二歲出家，一生雖沒有子女，但弟子比世俗的兒女還孝順我，我自信，就算我老了，徒眾還是會緊緊抱著，如橄欖球似的不放下。」

他爲佛門育才的格局不限於本門本山，歷年來開創中國佛教研究院，舉辦國際學術會議，辦全國佛學會考，更成立佛光山文教基金會，贊助大理佛教考察團所有經費，支持學者參加敦煌國際學術會議等，是爲整個佛教綢繆。

不只一次，星雲指出：「既然培養年輕人，就不怕他比我強，不怕他有獨立思想。」更發下宏願，人才訓練好了之後，要把他們送給社會、送給國家、送給眾生。

現代化佛教大軍

以他的遠見，當然察覺到佛光山近幾年事業發展太快，人才的培育來不及跟上，徒眾在有限的經驗與閱歷下，處理事情難免不周全；但他相信，培育人才是一條百年之路，再過一段時間，應該會漸入佳境。

就是這樣的胸懷，造就了一支現代化佛教大軍、千餘位荷擔如來家業的佛門龍象。許多人肯定的指出，當今台灣佛教大師並起，但都暗藏著交棒的隱憂，惟有星雲獨免。「二十年以後，佛光山會是台灣實力最堅強的宗教團體。」

第十章

傳統叢林現代版

國內《天下》雜誌每年都做一次台灣「一千大企業」的統計報告，總會引起政經各界的熱烈關注；有人說，若把佛光山算做企業，它可能也會名列前一百大。不論言下之意是褒是貶，深入了解它的制度及運作之後，確實會發現佛光山是一個生趣盎然的有機體，資源靈活調度，人力、財力運用自如。它上承盛唐以來傳統佛教叢林的精神，融合現代社會經營管理的概念，成爲一個周延縝密的組織體系；不但對中國佛教具有汰舊布新的意義，對現今企業決策經營者，也有很高的參考價值。

集體創作的結晶

當然，一如王永慶之於台塑企業；盛田昭夫之於新力公司，佛光山這一切制度運作均與星雲的理念規畫密不可分。

先從它的決策系統談起。基本上，星雲認爲佛教是眾生的事業，所以佛光山也是集體創作的結晶。宗務委員會爲最高決策單位，相當於大企業裏的「董事會」，負責整體發展方針及各單位間的協調、統籌。設宗務委員七至十一人，再由其中選出宗長，六年一任，現任宗長爲佛光山住持心平和尚。委員任期六年，每兩年改選三分之一，採民主投票方式產生。

宗務委員會以下有方丈室，都監院（相當於總管理處）統攝寺務、信眾、慈善、福利、工程、財務、人事、典制等十個監院。另有教育院、文化院、長老院、傳燈會、佛光山文教基金會、佛光淨土文教基金會、慈悲基金會、佛光大學教育籌建會、國際佛光會及海內外別分院等，共一百八十多個單位。

目前設於高雄縣的佛光山稱之爲「本山」，下有約一百個分支點。其中部分是星雲自己創建，另一部分爲原有寺廟的財務、管理出了問題，交託星雲收拾處理後併入；也有部分是人事糾紛擺不平或老住持死後無人繼承，自願交由佛光山管理。

例如才翻新落成一年的基隆極樂寺，就和星雲有一段四十年的因緣。民國三十八年，他隨僧侶救護隊到台灣，在基隆下船，信步走到一所老舊的寺廟口，向內望了一眼，一位法師也抬頭看了一眼，未曾交換片語。三十二年後，極樂寺住持修慧法師，也就是當年有一面之緣的人，擔任基隆佛教會理事長，邀星雲來基隆佛學講座三天，並有機會讀到他的著作，認同他「人間佛教」的理念。過了三年，八十歲的修慧長老將極樂寺一千坪土地及寺院無條件送給佛光山，開始在原址重建。

還有位於宜蘭市郊的圓明寺，星雲曾在此寫完《十大弟子傳》、《八大人覺經》等書，則是七十一年間原住持覺意法師往生前，託付給佛光山處理的。建於民國初年的嘉義圓福寺情形也類似。

核心與周邊緊密結合

以行政組織來講，近一百個別分院相當於海內外一百個分公司，必須有一套管理系統，才能號令貫徹，協調統籌。在本山之下，第一級稱爲「別院」，如台北普門寺、高雄普賢寺、美國西來寺、東京別院。條件是設於人口超過一百萬的都市，經常性度眾集會有一千人以上，派駐出家眾八人以上爲信徒服務。第二級稱爲「分院」、「講堂」或「道場」，前者建築物的外觀維持傳統寺廟的形式；後二者多半位於都市現代化高樓大廈中。條件則是設於人口超過五十萬的縣轄市，經常性度眾集會有五百人以上，分配出家眾四到八人爲信徒服務。第三級稱爲「禪淨中心」，設於鄉鎮地區，經常性集會有二百人以上，派駐服務的出家眾在二到四人之間。下面還有佈教所，設於較偏遠地區，由法師採巡迴佈教的方式度眾。

大致說來，各個別分院的財務是獨立的，但由本山監督，別分院若要興建重大工程，無力自行負擔，則可以向本山請求補助。

較諸過去教會系統一盤散沙，缺乏約束力，佛光山全國乃至全球性的體系，是中國佛教史上罕見的。它有點類似天主教教會的架構，由上而下，本山統一訓練人才，派到各地發展，有地方分權，也有中央集權；核心與邊緣緊密結合，向心力及團隊精神都很旺盛。

人盡其才

在人事制度方面，分成兩個系統。一是個人資歷；一是職位分類。前者分成五等十五級。最低一級是清淨士（初入佛門須清淨身心者），一年一級，共六級。再上是學士（努力學習知識者），三年至五年一級，共六級。往上又有修士（重修行者），四年一級，共三級。再上是開士（教化別人者），五年一級，共三級。最上爲大師（長老）。

後者則是各人在本山及相關事業中擔任的行政職位。

星雲設計這套制度，是根據學業（社會學歷、佛學院教育程度及經藏研究等）、道業（品格、操守、修行等）及事業（對寺院的貢獻、服務時間長短等）爲標準，將人力做彈性運用。也就是說一個入門不久的人，可以因爲表現良好、貢獻卓越，被授予較重要的職務；而一位謹守本分的僧伽，也可以經由年資累積，在團體中受到應有的尊重。

現代企業主管對這種將年資與職務分立的制度應不陌生。它的優點是一方面尊重資深者，保持企業倫理；一方面鼓勵後進者，提振組織的朝氣。

以佛光山龐大的體系及眾多人員，如何評量考核，使得「適才適所」，也是非常重要的課題。星雲在這方面的設計是，人事平均每三年輪調一次，通常在每年農曆正月及七月，由宗務委員會召開會議，討論人事調動問題。個人先填志願，再配合未來各單位主管的需要派定，若有異議，可以另案討論。

這個制度使得人才永遠是一泉活水，個人不戀棧、不濫權，升遷獎懲明確，整個人力運用活潑而不僵滯。同時使佛光山徒眾養成了協調分工的性格，遇有大型活動，動員能力很強，分配好的工作，各人全力以赴。套入現代企業的觀念，這就是人性化的管理。

對於信徒來說，如此可以樹立「依法不依人」的觀念——護持佛法及道場，而不是執著和某一位師父的關係；讓羣眾有機會認識新的領導者，以制度取代對個人的感情。

大職事有權，小職事管錢

在經濟制度方面，由星雲以身作則，佛光人不私建道場、不私自化緣、不私蓄錢財。一切收入，涓滴歸公，信徒的供養也都交給當家師處理，充作維持各項開支的經費。而且申令管錢的人不可掌權；掌權的人也不能管錢。大職事有權，小職事管錢。山上眾人依資歷及職務，每月向常住支領單銀（薪津），例如最高一級的開士爲四百元，堂主三百至三百五十元，監院三百元，書記二百元，朝山會館典座一百五十元等。不過，他們的日常用品、食、宿、交通費，完全由佛光山支付。在佛光山服務的在家眾，平均月薪約三千元。

與社會一般企業相較，人事費用是相當節約的，星雲認爲今天能夠建立佛光山這個道場，是因爲每個人都能秉持「無私」的原則。即使在二十世紀的今天，佛光山仍奉行唐末百丈懷海禪師「一日不作、一日不食」的農禪精神。

有人曾批評，「不要去佛光山讀書，佛光山的學生都在做苦工」、「佛光山的出家人只做事不修行」。但自小就親自操作勞務的星雲主張，出坡（勞動）是天經地義的事，事實上，離開了挑水砍柴、穿衣吃飯，無法語其佛法，因爲禪心要在工作中體會。自古以來，哪一位大德不是在勞動中建立自己，如六祖惠能的背石舂米，百丈懷海的搬柴運水，南泉普願的蓑衣飯牛。星雲自己十年參學中也是六年行堂、兩年司水、一年半香燈典座。

即使是佛學院的學生，也都不能只享權利，不盡義務。在山上，今天仍維持傳統叢林規律，以鐘、鼓、板爲號令，每天四時二十分起床早課，然後過堂早齋，上下午各三小時上課聽經聞法，晚自修閱讀二小時，然後再晚課靜坐養息。除此之外，還要打掃環境、出坡、煮飯燒菜（目前仍用木柴及老式大灶炊煮，因為大灶必須隨時留心添柴、調整火候，用以訓練學生的耐心及專注）。

佛教事業，自給自足

至於財務來源方面，佛光山出家、在家眾共數千人，還要辦教育、做慈善、興寺院，自然背負龐大財務壓力，必須有一些自主性財源，以維持基本生存，因此開辦了佛教文物流通處、雜誌社、出版社、幼稚園、中學等。許多人對佛光山這種「多角化經營」不以爲然，批評他們「做生意」，但「佛教徒不是社會的逃兵，也不必仰賴社會養活，應以自己的能力換取所得。況且辦道修行，要先自己不虞匱乏，才能服務社會、貢獻人羣。佛教取諸社會，也應對社會有所回饋，這是佛光山要經營事業的基本原因。」星雲娓娓道出初衷。

除了自己辦事業，不可避免的也需要佛前油香、信徒捐獻，但星雲對此另有一番見解。傳統上總以爲，寺院最大財務收入不外乎做法事經懺或找些大施主來護持。星雲不反對做法事，然而他相信，僧侶爲信徒做法事，是建立在一種相互的關係上，不應是金錢交易。平時信徒有功於寺院，信徒有需要時，僧侶理當幫忙。所以佛光山各地別分院不傾向做純交易式的經懺，每一場儀式都按部就班、規規矩矩的做，不趕不混。

至於拉攏幾個大施主也不爲星雲所喜。因爲若一個人對某寺院出的錢多了，就容易產生「那個寺院是我一手扶持」的心理，對寺務常加干涉，造成僧侶與施主不和。所以他不要大錢要小錢，不要一、兩個大施主，要無數個小施主，也就是所謂的「廣結善緣」。「一般人多不注重小錢，目前社會上，出個三、五百元，甚至一千元，根本不當一回事，絕不會因此想控制寺務。況且緣結得多，表示來佛光山的人也多。」

涓滴成大海

那麼，他又是如何具體實現廣結善緣呢?首先，凡進得寺來，只要是添油香、做功德，都會獲贈一些小紀念品，雖不值太多錢，但因爲是「佛祖給的」，甚受歡迎。多年來，可以說是由「小小的紀念品，成就了大大的佛光山」。

另外，以朝山團爲例，每週舉辦佛光山朝山團，由台北到高雄，包括車資和一宿五餐；一人只收兩百元，表面上看來，絕對是賠本生意，但就因爲方便經濟，報名參加的人很多。無論信不信佛，上了山總免不了添一些油香；而且參加過朝山團的人若對佛光山留下良好印象，還會自動宣傳，等於免費「公關」，把佛教的因緣散播出去。佛光山上有些法師，如永平、永文等，就是由朝山團開始接觸佛法，最終選擇了出家。

另外，基於涓滴成大海的信心，他建萬佛城、萬佛殿、金玉佛樓等也都是結合眾人力量而成。在接引大佛四周，設立四百八十尊金身佛像；大悲殿有八千尊觀世音菩薩像；大雄寶殿有一萬四千八百個佛龕，各供奉釋迦牟尼佛一尊。加上殿柱、琉璃瓦、浮雕，都有一定金額，由信徒認捐供奉。每一個捐款者均鐫刻留下其芳名，也留下和佛光山的善緣。

其他如平時點的光明燈，一盞五百元；春節掛的平安燈，一盞三百至一千元，以及每人只要出一百元的萬緣法會等，每年參加的人總在一萬人以上，累積起來，收入亦十分可觀。

日日難過日日過

很多人看到佛光山一年比一年興旺，想當然耳的說「佛光山很有錢」。其實佛光山不是一個積聚金錢的地方，而是資源再分配的中心，他們自己的說法則是：「佛光山並不是很有錢，而是很會用錢，把明年、甚至後年的錢都用完了。」

星雲本人非到不得已不和人談錢的事，也交代弟子不必分神在這件事情上：

「你們知道後會睡不著的！」目前他們正在致力於建立預算制度，希望能在上軌道的財政體系下，不再「日日難過日日過」。各個事業也辦了財團法人登記，接受法律的監督規範。

不可否認的，佛光山一無國家做後盾；二無財團當靠山，能開創這樣局面，經營上確有過人之處，包括開源及節流，均值得一般企業參考學習。

一度，《財訊》雜誌及《聯合報》曾替佛光山估計財產：土地一坪新台幣十萬元，一甲三千坪就值三億，佛光山占地五十甲，值一百五十億。不過，近來也有人幫其他宗教團體估計財產，現在台灣最有錢的首推慈濟功德會；龍山寺、行天宮、指南宮、農禪寺等次之，佛光山則退居十幾名以後了。

受得起，也給得起

其實，星雲是一位不怕錢、敢賺錢、又敢用錢的出家人。「我對金錢的看法是受得起，也給得起。天主教、基督教辦事業賺了錢，社會讚美，爲什麼佛教就要避錢惟恐不及？」他光明磊落的指出，在佛教界有些人，總認爲貧窮才是有道行，談到「錢」就認爲很粗俗。然而「除非一個人不做事，要做事就離不開錢，這是一個很現實的問題。如何將信眾的善財、淨財、聖財，好好用在有利眾生的事業上，才是真正值得關心的課題。」

多年來，不少傳播媒體報導佛光山，常形容它車水馬龍、不夠清靜；或販賣汽水、紀念品牟利；甚至說朝山會館有冷氣、地毯；出家人還乘汽車、打電話。結論是佛光山「世俗化」、「商業化」；星雲則爲「企業和尚」……。

然而深入走訪過佛光山的人會發現，在部分開放給遊客信徒的區域，當然儘量給大衆舒適方便；但在不對外開放的修道區，燒飯仍用木柴，睡覺的寮房沒有冷氣、地毯，仍是遵古制的木板床，早晨四點半起床，晚上十點休息。沒有週末休假，也不領加班報酬；衣服終年就那麼幾件，鞋子也不過兩雙。來去均是兩袖清風。至於汽車爲代步所需，電話已是不可或缺的通訊器材，如果現代文明發展至此，獨要出家人安步當車、對世事充耳不聞，豈不是太矯情了嗎？

對外界種種似是而非的說法，星雲坦承自己也莫可奈何，只是爲佛光山的四衆弟子叫屈，並勉勵大家仍要以親切、友愛、慈悲、勤勞、服務來感動信徒遊客，吃一頓飯、結一些緣，做爲山上養老、育幼、辦學、弘道的資糧。

無規矩不成方圓

大陸曾有四大名山、叢林古刹，半世紀來卻經歷共產主義無神思想衝擊，又遭文革浩劫破壞，台灣如今可說是獨留了中國大乘佛教的一脈香火。在星雲領導下，佛光山除了保存傳統佛教的禮儀清規，更洞悉現代社會的趨勢，把制度化的管理系統帶入佛教。在一篇名為〈今日佛教復興的希望〉的文章中，他清晰的把「健全制度」列為首要目標。「佛教僧團，本來也有健全的制度，比方說戒律，就是維繫佛教大眾生活很好的制度；六和敬的原則，也是僧伽相安相處的制度。過去大陸上的寺廟叢林，所以有規矩，就是因為講制度；現在台灣的佛教，不但沒有制度，而且各自為政。不論哪一個人在佛教裏，想做什麼事，那他就怎麼做，誰也無法去管誰。」

有此認知，星雲本身具備叢林生活的體驗，又走過許多地方，氣度、見識均十分出眾，在他一手擘畫下，成就了佛光山的規矩方圓，也建立出傳統叢林的現代版。

所謂「廟像廟、僧像僧」，首先收徒要有收徒的制度；剃度要有剃度的制度；傳戒當然也要有傳戒的制度。例如民國八十年，佛光山舉辦了為期三個月（一般戒期只有三十二天或五十三天）的「萬佛三壇羅漢期戒會」。一個出家人必須受具足三壇大戒——沙彌或沙彌尼戒、比丘或比丘尼戒、菩薩戒，始被公認為合格之大乘出家人。當時全國有五百餘位戒子來受戒。每天作息、早晚課、講戒、禪坐、演禮、出坡……，整套教育課程，循規蹈矩，一點不馬虎，以期培養出真正能代表佛教的僧寶。宏法寺住持開證長者有感而發：「這次佛光山的傳戒，是台灣四十年來傳戒最規矩、最成功的一次。」

不但台灣許多道場讚佩，韓國松廣寺退居住持菩成法師，每天從戒子的起居生活到正授禮儀，都非常留意觀摩，準備帶回韓國做參考。

隨緣中不失嚴謹

此外值得一提的是進修制度。星雲認爲，已經領了工作的弟子，雖然平日非常忙碌，但除了不偏廢早晚課誦，仍應活到老、學到老。因此特別在傳燈會下設置傳燈學院，督促弟子在職進修。每年四門課，共四年結業。由他每個月親筆給弟子寫一封信，兼具安慰辛勞、溝通思想的功能；同時附上一份教材，內容涵括宗風思想、經論研讀、個案教訓，或是說法研討、修學心得。弟子不僅要研讀教材，還要交報告，每半年舉行一次考試，合格者頒予證書。不合格呢？別看這些平日獨當一面的資深職事，還真的有人因考試不及格被「當」掉了！

佛光山也非常重視福利制度，舉凡僧俗四眾的醫療、休假、留學、旅遊、省親、貸款，乃至父母百年後靈骨奉安，都有辦法可循，無後顧之憂。

甚至連吃飯都有吃飯的制度。每天列隊吃飯，名爲過堂，在「鏵！鏵！」板聲號令下，眾人雙手合十，口誦佛號，依序進入齋堂，悄悄坐定，神色凝斂，每人面前兩碗（湯、飯）一盤（菜），飯前先做五觀想，唸供養咒。吃飯時「龍吞珠、鳳點頭」，絕不左顧右盼，也不出聲談話。由行堂的人提桶巡迴，視各人所需，再隨時添加。每個人絕對把自己面前的食物吃光，以示「惜福」。飯畢，眾人魚貫離開，收拾碗筷的人手腳俐落輕靈，不消幾分鐘即弄得乾乾淨淨。

在星雲影響下，山上眾人的生活隨緣中不失嚴謹，可與君王同座，也可與凡夫共行，「專業水準」是台灣各僧團中公認最好的。經常護持國內各佛教道場的林清玄居士觀察到，由於領導人的性格積極、頭腦精密，佛光山的經營效率最高，寺廟管理和法務推展也最健全。

對於佛教界來說，佛光山建立了一個傳統與現代互濟，下扎深根、上有無窮潛能的僧團典範，意義非比尋常。對公民營企業決策管理者而言，如果星雲是他們的競爭對手，不少自命高桿的ＭＢＡ也要小心應付了。

第十一章

佛法不離世間覺

人在山林，心懷社會；立足地球，放眼宇宙，身居道場，普利大眾；天堂雖好，人間更美。

無論是聆聽星雲的講演；閱讀他的著作；和他本人談話；或是參訪佛光山派下道場，與他的弟子、信徒交換意見……，總會接觸到「人間佛教」、「佛法生活化、生活佛法化」這樣的概念。有些研究台灣佛教發展的人認爲，他已在傳統佛教八宗思想之外獨闢一格，創立了所謂的「佛光宗」。

星雲本人雖未刻意開宗立派，但溯尋其五十年來的所思所行，的確可以找出一以貫之的思想脈絡。

佛陀亦曾是凡人

何以名爲「人間佛教」？因爲佛教的教主——釋迦牟尼佛，不是來無影、去無蹤的羽化神仙；也不是後人玄想出來的救世主；而是真真實實的一個人。

釋迦牟尼佛原名悉達多，出生於紀元前五四四年的四月八日（農曆），降生地爲印度迦毘羅衛國的藍毗尼園。父親淨飯大王是釋迦族的族長，母親爲摩耶夫人，出生後七天母親即過世，由姨母摩訶波闍波提夫人撫養成人。自小，悉達多太子即爲全國人所熱愛，父親全力栽培他成爲一位英明君王，他也不負所望，俊秀聰穎、文武兼備。十七歲那年，淨飯大王爲他選了一位美麗的妃子耶輸陀羅，第二年生下小王子羅睺羅。

然而宮牆中的舒適安逸，親情的溫柔眷愛，不能滿足他探求人生真相、蒐尋宇宙意義的渴望，於是辭鄉別親，二十九歲時出外求道，經過數年苦行，三十五歲那年，他在菩提樹下、金剛座上，夜望明星而悟道：「大地眾生皆有如來智慧德相。」接著初轉法輪，成立僧團，在人間說法度眾四十五年，西元前四六四年於拘尸那迦羅城的娑羅雙樹間涅槃（注一）。

目前世上流傳的佛教經典，大多是他說法度眾的紀錄，涅槃後由弟子整理結集而成。

由這段事蹟可知，釋迦牟尼佛出生在人間、長成在人間、悟道在人間，涅槃亦在人間。他體嘗過人生的喜怒哀樂，經歷了人間生老病死。因此，印度文中「佛」的意思就是「覺者」，佛陀是一位覺悟的聖人；而人則是尚未覺悟的凡夫。

佛陀時代的佛法，本就是針對眾人生活中的行住坐臥、思想舉止而說，因此佛教是以「人」爲本的宗教。星雲所做的則是把二千五百年前佛陀的教誨，巧妙運用於現代人生活中，賦予佛教新生命；發展出創新而不失原義的「人間佛教」。

五戒可以治國平天下

曾經有一位軍校校長問他：「請你具體一點說，佛教對於國家、社會能有什麼貢獻？」他回答：「三藏十二部聖典都有益於國家社會，但光是一個簡單的五戒，就可以治國平天下了。」

具體而言，在現代社會觀念中，自由是以不侵犯他人的自由爲前提，五戒正和這個觀念不謀而合。所謂戒「殺」就是不侵犯他人生命安全，對生命的尊重；戒「盜」就是不侵犯他人財產，對權利的尊重；戒「淫」是不侵犯他人身體節操，對名節的尊重；戒「妄」是不侵犯他人信譽，對道德的尊重；戒「酒」是不吃讓自己喪失神志的麻醉品，才不會做出傷害別人的事。如果人人能守五戒，互相尊重，人人在規範中充分享受自由，國家社會必然安和樂利。

雖然時間過去六十年，星雲仍清晰記得，上私塾的頭一天，先生教的就是一個「人」字；終其一生，他對人的尊重關懷未曾稍減。創設佛光山就是要建立一個推動人間佛教的道場，自利利他、自覺覺他，加入此僧團的人都必須有這種共識。記者吳鈴嬌在《時報周刊》上寫過一篇報導說：「自了漢，不要上佛光山。」誠哉斯言。

肯定世間生活可貴

歸納起來，兼具理想與實際性格的星雲，對人間佛教的看法主要有兩個特點：一是肯定世間生活的可貴；二是主張樂修而不苦修。

他認爲有些人不太實際，一信佛教就忙著了脫生死，暮氣沈沈，只顧自己修行，對世間事不聞不問；而生活所需又要靠衆人供養，豈不成了社會的寄生蟲。印順導師曾云：「修行、修行，其實有些人將修行當做懶惰的代名詞。」修行不是口號、形式，而是要將佛法運用到生活裏。從服務、奉獻、精進、耐勞中去修行。

太虛大師也說過：「生活比生死重要。」生活問題解決了，才能了脫生死。所謂生活佛教，就是活生生的佛教。

禪宗惠能大師在《六祖壇經》中說：

佛法在世間
不離世間覺
離世求菩提
猶如覓兔角

一言以蔽之，「佛法者，人的善良本性而已矣！」在吃飯、穿衣、走路、睡覺中都有禪機，等著人們自己去領悟。那種境界有一偈可堪比擬：

盡日尋春不見春，芒鞋踏破嶺頭雲；
歸來偶把梅花嗅，春在枝頭已十分。

禪門大師所謂的修行就是：商人規規矩矩的經商，不使詐、不逃稅；軍人驍勇善戰、保衛國土；官吏盡忠職守、服務桑梓；學者潛心研究；教師誨人不倦。簡單的說，就是把自己分內工作做好。佛法即存在於呼吸間。

佛教是幸福之教

其次，他認爲現代的人間佛教是有聲音的、有色彩的、有動作的、風趣的：「我所謂的人間佛教，是生活樂趣的，是財富豐足的，是慈悲道德的，是大乘普濟的，是取法佛國淨土的。」

根據阿彌陀經的描述，西方極樂世界有黃金鋪地、七寶樓閣、八功德水、彩色的鳥會說法，美麗的花永不凋謝。可見信仰佛教不一定要吃得壞、穿得醜陋、用得很苦；相反的，與其追求死後的快樂，爲什麼不掌握活著時的幸福。佛教不是受苦之教，而是幸福之教。因此，星雲主張用一種積極的心情，去珍惜這個世界美好的一面。

他爲人間淨土下的定義是：

禮貌尊敬講愛語，樂觀滿足生歡喜；
明理和平有自由，慈悲包容慶安全。

具體而言，善於說故事的星雲，常以社會大眾最關心的幾個問題遠譬近喻，說明人間佛教的奧妙精義。

人間佛教的財富觀

在這個經濟掛帥的工商業時代，很多人一心「向錢看」，星雲曾於好幾個場合談到人間佛教的財富觀。

他指出，佛教不完全否定財富；很多人信了佛，一提到錢就不齒，因爲「黃金是毒蛇」，殊不知黃金也是弘法利生修行的道糧。所謂君子愛財，取之有道，只要是來源正當的錢財（淨財），可以說愈多愈好。佛教徒不必有排拒財富的想法。

有一個故事是這樣的：

一個人儲存了很多金塊，藏在家中的地窖裏，三十幾年過去了，一毛錢也沒動用過。有一天，這些金塊給人偷走了，他傷心得死去活來，旁邊有人問：「這些金子你用過沒有？」「沒有！」「幾十年來你既然都沒用過，那不要緊，我去拿幾塊磚頭，用紙包起來，放在同一個地方，不就好了嗎？又何必這麼傷心。」

星雲說這個故事，是想讓大家了解「有錢是福報，會用錢才是智慧」的道理，一味貶抑金錢價值，或只知聚斂的守財奴，都算不上智慧之人。「擁有」金錢固然很快樂，但如果能運用金錢去利生益人，才叫真正「享有」了金錢。此外，在現代社會中，財富常以多元樣貌出現，例如身體健康；感恩和知足；有意義的人生；親友平安以及充實的心靈……，都值得大家珍惜耕耘。

人間佛教的命運觀

今天的社會瞬息多變，有人可以一夕之間飛黃騰達；有人卻剎那間落得潦倒孤貧。因此近年看相、算命、風水之說大爲流行，算得好洋洋忘形；算得不好惶惶終日。其實從人間佛教的觀點，並不贊成這種宿命論，因爲命運不是定型的，而是可以改造、操之在我的。

星雲說了下面這個故事代表人間佛教對命運的看法。

一位得證阿羅漢果位的師父，一天在禪定中得知自己心愛的徒弟只剩七天的壽命，心想：「這麼乖巧的孩子怎麼只剩七天壽命呢？真是太不幸了，不可以將真相告訴他，他小小年紀，怎麼承受得了這樣的打擊呢？」天一亮，師父壓抑著悲傷，將小沙彌叫到跟前說：「好孩子，你有很久不曾回家探望父母了，收拾一下行李回去和父母聚一聚吧！」

不知情的小沙彌高高興興拜別了師父回鄉。日子一天一天過去，過了七天，小沙彌還沒有回來，師父難免為小徒弟的不幸遭遇而悵然感傷。正在此時，小沙彌突然平平安安的回來了，師父大為驚訝，牽著小沙彌的手上下打量說：「你怎麼回來了，這七天發生什麼事了嗎？」

「沒有呀！」小沙彌迷惑的搖頭回答。

「你仔細想想，有沒有看到什麼？做了什麼？」

「噢！我想起來了！回家的途中，我經過一個池塘，看到一羣螞蟻被困在水中，我撿了一片樹葉，把牠們救上了岸。」

師父這才恍悟，小孩子的一念悲心，種下善因福德，不但救了螞蟻的性命，也改變了自己的命運。

這也許只是一則寓言，但可以說明命運如同銀行裏的存款，就算坐擁金山，但如果恣意揮霍，好命也有變壞的一天；反之，本來不是大富豪的人，只要經常去存款，積少成多，壞運自然會轉成好運。最重要的是人間佛教不但希望人樂天知命、洗心革面，更要積極開創自己的命運。

人間佛敎的政治觀

由於台灣特殊的歷史背景，政治一直是很敏感的話題，然而有所爲、有所不爲的星雲，十幾年前就公開在國父紀念館談「佛教的政治觀」。許多關心他的信徒都勸他不要碰這個禁忌，因爲一般人聽到政治尚且要警惕三分，出家人更應該迴避。但是他認爲，政治是眾人之事，人是羣居動物，既不能離羣獨活，就不該自外於政治。尤其是現代社會中，佛教徒一樣有投票權，一樣要納稅、服兵役，在在都和政治脫不了關係，與其諱言，不如建立對政治的正確觀念。

「出家但不出國」，是他常常說的一句話，在人間佛教的理念中，出家人也應關心家國大事。例如每月初一、十五必誦的寶鼎讚：「端爲民國祝萬歲，地久天長……」長蘆禪師也曾祝願「國界安寧兵革消，風調雨順民安樂」。歷代對政治有影響力的出家人也不少，例如唐朝玄琬法師受朝廷禮請爲太子太傅，以四事教導東宮太子掌政愛民之方：行善、滅殺、順氣、奉齋。至抗日期間，日本對緬甸、錫蘭等佛國散播謠言，誣指我國破壞佛教，當時佛教領袖太虛大師亦曾組團出國訪問，揭穿日本虛僞宣傳，獲錫緬各國支持。而樂觀老和尚也組織過僧侶救護隊，號召出家人支援抗日行動。

至於現代佛教徒應對政治採取什麼態度呢？星雲認爲太虛大師說的「問政而不干治」最爲中肯客觀。亦即佛教徒應關心國家，但不熱中追求高官厚祿。即使身爲政治人物，也要發揮佛教徒的精神，佛陀在《增一阿含細品經》中說得很清楚：不貪汙、不暴怒、不諉過、不孤僻、不犯法、不自私……。

人間佛教的倫理觀

身處繁忙複雜的現代社會，人際關係常是煩惱源頭。許多不幸悲劇都是因爲不服氣別人比我好、比我高、比我大，所以千方百計爭奪、計較；能騙則騙、能欺則欺。星雲人生閱歷豐富，對這一切因果了然於胸，他認爲每個人的存在，都是由於與他人的因緣，而世事所以多苦多憂多煩惱，皆肇因於不懂得如何善待「你」；也不懂得如何修持「我」。種種「你我」之間的紛爭，甚至發生在親人、夫妻、朋友之間。

例如《百喻經》裏就有一則夫妻爭餅的寓言。

有一對夫妻為了爭一塊燒餅吃，你爭我奪的僵持不下，丈夫心裏想：「女人比較愛講話，我不妨從這個弱點上去贏她。」於是提議以不講話來決勝負，誰先講話就算輸，燒餅讓給贏的人吃。太太同意了，夫妻兩人就面對面坐著，中間擺著那塊餅，一言不發對峙起來。

不久來了一個小偷，窺見屋子裏坐了泥塑木雕似的兩個人，這個小偷不覺心裏納悶，不知箇中玄虛。可是一連幾個時辰過去了，兩個人還是不言不動，小偷膽子

台北市 104 松江路87號4樓

天下文化出版公司 收

廣　告　回　信
北區郵政管理局登記證 北台字　3619　號
免　貼　郵　資

地址：　　　　縣市　　　　市區鄉鎮　　　　路(街)　　段　　巷　　弄　　號　　樓

（請用阿拉伯數字書寫郵遞區號）

姓名：

宅：(0　)　　　公：(0　)　　　傳真：(0　)

天下文化讀者編號 BK

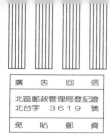

天下文化出版公司　讀者服務卡

謝謝您購買這本書。
為加強對讀者的服務，請您詳細塡寫本卡各欄，寄給我們（免貼郵票），您可不定期收到天下文化的出版訊息。

您購買的書名：＿＿＿＿＿＿＿＿＿＿＿＿ **書號：**＿＿＿＿＿＿＿＿

購買書店：＿＿＿＿＿＿＿＿**市/縣**＿＿＿＿＿＿＿＿＿＿＿＿**書店**

您的性別：□男　□女　**婚姻：**□已婚　□單身

生　　日：＿＿＿＿年＿＿＿＿月＿＿＿＿日

您　　是：□①天下訂戶 □②遠見訂戶
□③曾零買天下 □④曾零買遠見

您的職業：□①製造業 □②銷售業 □③金融業 □④資訊業
□⑤學生 □⑥大衆傳播 □⑦自由業 □⑧服務業
□⑨軍警 □⑩公 □⑪教 □⑫其他＿＿＿＿

教育程度：□①高中以下（含高中）□②大專　□③研究所

職 位 別：□①負責人 □②高階主管 □③中級主管
□④一般職員 □⑤專業人員

職 務 別：□①管理 □②行銷 □③創意 □④人事、行政
□⑤財務、法務 □⑥生產 □⑦工程 □⑧研發

您從何得知本書消息？

□①逛書店 □②報紙廣告 □③親友介紹
□④書的天下 □⑤廣告信函 □⑥天下雜誌
□⑦遠見雜誌 □⑧廣播節目 □⑩書評
□⑪銷售人員推荐 □⑫電視節目 □⑨其他＿＿＿＿

您通常以何種方式購書？

□①逛書店 □②劃撥郵購 □③電話訂購 □④傳眞訂購
□⑤團體訂購 □⑥銷售人員推薦 □⑧信用卡
□⑦其他＿＿＿＿＿＿

對我們的建議

壯起來，一步步走近太太身邊，東摸摸、西碰碰，找不到值錢的首飾，就有意無意對她吃起豆腐來。丈夫眼睜睜見太太被人輕薄，竟然還是無動於衷，太太心裏又氣又急，終於忍耐不住，憤然起身戟手大罵：「你是個瞎子是不是，沒看到我被人欺負嗎？」

想不到這個丈夫反而欣然色喜的跳起來，一把抓住那塊燒餅就啃，還笑著說：「哈哈！你輸了，這塊燒餅終於是我的了！」

像這樣一心計較人我利害、得失，勝則生怨，敗則生鄙，由此愚癡，惹出重重煩惱，也就是世間一切糾紛、憎恨的來源。

要如何改善這種人際關係上的問題呢？從人間佛教的觀點，星雲歸納出「你大我小，你有我無，你好我壞，你樂我苦」四句話，不論運用在夫婦、朋友、兄弟、同事……方面，都有意想不到的效果。

他還是以故事來說明。

有兩戶人家，一戶張家老是吵架，一戶李家則內外融洽。日子久了，張家不免納悶，就問李家：

「為什麼我們家天天吵架，沒有一天安寧，你們家卻和和氣氣的，幾乎從來不鬧糾紛呢？」

李家的人說：「因為你們家的人都是好人，所以會吵架；我們家一個個都是壞人，所以吵不起來。」

「哪有這種事，這話什麼意思？」

「比方說，有人打破了花瓶，你們家的人立刻覺得自己沒錯而錯在別人，於是一個個指摘別人把花瓶打破了，誰都認為自己對，自己是好人，自然就爭執不休了。」

「我們家的人則一個個怕傷害別人，寧願承認自己是壞人！所以打破花瓶的人馬上道歉『對不起！對不起！我太不小心了！』對方也立刻自責說：『不怪你，不怪你，我不該隨便把花瓶放在這兒。』我們都承認自己錯，不推諉、不卸責，家裏關係自然就和諧了。」

對時代整個人起反應

幽默大師林語堂曾說：「一個好的作家，要對時代整個人起反應。」人間佛教不只是一種理念，更重要的是能夠實踐，對社會產生積極作用。星雲就是一位「對時代整個人起反應」的宗教家，而且往往能於「第一時間」做出適當行動，發揮領

心懷度眾慈悲願
身似法海不繫舟
向我平生何功德
佛光普照五大洲

星雲

一九九六年五月十六日

導風潮的影響力。

民國六十八年中美斷交，舉國沸騰，他立刻動員信徒，在國父紀念館舉辦「自強愛國梵唄音樂會」，並集資新台幣一百萬元，做爲自強救國基金。民國八十年二月，發起「佛力平正二二八死難同胞慰靈法會」，以佛教力量化解四十年的省籍陰影，並慰藉亡靈。隔年，有鑑於社會價值混亂，風氣敗壞，他又號召國際佛光會中華總會，辦了一系列「淨化人心七誡運動」，把佛教的基本五戒，因時制宜擴大爲現代社會的七種自律信條——誡煙毒、誡暴力、誡偷盜、誡賭博、誡酗酒、誡色情及誡惡口。

這位大和尚心腸柔軟，當數年前長庚醫院發起器官捐贈活動時，率先簽下志願書，帶動大批弟子信徒響應。在環保行動上，他大力支持「種兩千棵樹救大高雄水源」及廢紙回收活動；更聲援保護野生動物團體，呼籲社會大眾共襄盛舉。

人成即佛成

與一些閉世清修的出家人明顯不同，星雲相信「佛法是用來解人生所有問題」的，而且佛弟子要有主動關心社會變遷的自覺。因此，近年來，他每發現社會上產生了什麼新現象、新趨勢、新難題，便不斷思考：「在佛陀的教化中有什麼原則性的指示？現代佛教徒要怎麼回應？」

例如，墮胎問題多年來一直是爭議焦點，天主教無論在任何狀況下都反對墮胎，那麼佛教立場如何呢？他認爲墮胎固然是犯殺戒，逃不了業報，但如果已知孩子殘障，或是強暴受孕，勉強生下這個孩子，不但是社會的重大負擔，母親一生也會深陷痛苦，因此如果這位母親願意承擔殺生的業力，就該把決定權交還給母親，旁人無權置喙。同樣，安樂死的問題，也應由最愛他的人，用愛的一念之間來決定生死。

另外像離婚、家庭暴力等敏感社會議題，他也不避諱：「佛法中其實都找得出根據，我只是因應時代需求拿來運用而已。」他相信，佛教如果不能解決現代人的問題、不與時俱進，就如同「大人穿他幼年時的衣服」，終究會被淘汰的。

四十年來，星雲提倡人間佛教，受到不少誤解、委屈，但隨著社會變遷的趨勢，事實證明了他的遠見。民初太虛大師雖也曾爲人間佛教勾勒出幾筆輪廓，堅毅勇敢的星雲大師卻用一生歲月，爲現代佛教鋪陳出一條「人成即佛成」的康莊大道。

注一：以上資料參考佛光出版社出版之《佛光大辭典》、《佛教史年表》。

第十二章

廣結善緣滿天下

依據佛門慣例，早晚課誦經前通常都會先誦一段「香讚」：「爐香乍熱　法界蒙薰　諸佛海會悉遙聞　隨處結祥雲　誠意方殷　諸佛現全身　南無香雲蓋菩薩摩訶薩。」這段香讚的大意是說，當誠心誠意誦念禮拜，諸佛均聽聞得到，前來歡喜護持，並把誦經的功德給十方大眾分享。

朵朵祥雲隨處結

星雲是一個具有大眾性格的人，四十年來，誠意結下的朋友緣、信徒緣，也如同朵朵祥雲，在海內外隨處可見，成為他本人及佛光山事業發展重要的增上緣。

據台灣省民政廳統計，台灣省目前平均二．四七平方公里就有一座寺廟或教堂，其中佛教有一千五百六十座，僅次於道教及基督教。另外，據內政部推估，目前台灣佛教徒約為四百八十五萬六千人，居所有宗教首位，其他依次為道教三百六十三萬七千人；一貫道九十一萬零九百五十人；基督教四十二萬一千六百四十八人；天主教二十九萬五千七百四十二人。另外尚有回教、天理教等，信徒均在數萬至數十萬之間。

而依佛光山的統計，目前國內信徒已超過一百萬人（指正式在佛光山派下皈依的佛教徒，不包括隨喜進香參拜的人），意思是說台灣每五個佛教徒中，就有一個是佛光山的信徒。若是較詳細的計算，光是民國八十三年上半年，分別在高雄佛光山、台北道場、三重講堂、桃園講堂、美國西來寺等地皈依的，即已超過一萬人。剛完成的三寶殿金玉佛樓，有超過二十萬人曾出錢資助興建；另外《覺世》旬刊固定的贈閱對象約在二十萬人左右。至於國外部分，估計也有二十萬名信徒。

以這樣的羣眾基礎和影響力，爲了選舉票源，星雲及佛光山自然成爲政界青睞拉攏的對象，中國國民黨在十二全會時聘他爲黨務顧問，十三全會時又給他一個「中央委員會評議委員」的頭銜。「自發表爲中評委之後，我不知道自己能爲黨做什麼？也不曉得黨要我做什麼？」他一再表明，這是國民黨對佛教界的尊重，不是針對他個人的。而國民黨對他的禮遇不過是到了中秋、過年送一點茶葉來。

某些政治人物最現實不過了，平素與佛無緣，每逢選舉之前卻紛紛登門拜訪，出門之後，媒體上「星雲應允支持某某某」的消息立刻繪聲繪影。由佛光山舉行的活動中，亦可見到政治人物端坐貴賓席，星雲帶點調皮的說：「請縣長、市長來講講話，場地比較借得到。」

不再掛懷「政治和尚」

不可避免的，凡此種種，讓外界給他扣上了一個「政治和尚」的大帽子。捫心自問，星雲回顧他一生沒有從事過一天政治活動，也不想當官，佛光山一草一木非但未受到政府絲毫補助，反倒在辦理寺廟登記時，受了十年刁難。他曾幽默的說：「縣長三、五年就要下台，我和尚卻是當一輩子，總有一天可以辦好登記的。」

追究「政治和尚」這頂帽子的由來，發現主要是因爲當年的反對（黨外）人士不滿他親近國民黨、疏遠反對派，因此用「政治和尚」來批評他。

與星雲一同走過歷史的前輩人應該不健忘，當年國民黨帶著丟掉大陸的創痛東渡，在台灣實行高壓統治，箝制思想，黨國一家，國民黨一黨獨大了三十年，誰敢沾惹異議分子？何況佛教界自己是弱勢團體，要靠掌權者保護，豈敢向反對人士靠攏。不要說是佛教徒，其他宗教信仰的人也一樣，舉國上下在公開場合都必須高呼「三民主義萬歲，蔣總統萬歲」；選舉也只有國民黨推出的候選人可選。當時整個政治生態及心理背景就是如此，後人又豈可獨罪星雲一人？

環境變了，價值觀也變了，有趣的對比是，前幾年佛教界的明光法師公開出馬競選國大代表，受到國民黨支持，反而沒有人說他是「政治和尚」了。

對於這個稱呼，星雲常覺得啼笑皆非：「與記者談話，我最不喜歡涉及政治或一些敏感問題，如海峽兩岸的未來、民運人士等，可是他們又對這些特別有興趣，不回答嘛，他們笑我不懂、沒見識；要回答嘛，又說我涉及政治。」

黨政界朋友多

經過這些年，是不是政治和尚已經很清楚了，他對此也不再掛懷。「毀謗是打不倒一個人的，除非本身不行，不健全、沒有實力。我覺得面對毀謗的方法是不去辯白，對是非則默擯之。」對於一些政界人物，星雲也不會爲求自潔其名而生起分別心，刻意迴避，一視同仁誠意相待。也許某些人起初接近他是另有所圖，但時日一久，自見人心，倒也結識了不少相知相契的朋友。

例如，立法院副院長王金平、立委潘維剛、沈智慧等和他經常有往來。潘維剛一家人均爲天主教徒，只有她一人皈依佛門，追隨大師。因爲認同師父的理念，星雲的佛光人守則——「給人歡喜、給人信心、給人方便、給人希望」，也成了潘維剛服務處工作人員的信條。

黨政首長中，總統府祕書長吳伯雄、高等法院庭長林富村、基隆市長林水木、國民黨省黨部主委鍾榮吉等都常與星雲親近。總統府資政邱創煥父母親過世時，他親率上百位法師超渡誦經，並送到墓地。佛光山所在的高雄縣，前縣長余陳月瑛經常就地方事務上山請益，甚至曾說大師是她的「縣政顧問」。

近幾年，監察院長陳履安和星雲之間的一段佛緣，更成爲社會傳誦的佳話。陳院長五十歲以後才開始接觸佛教，時間不長，但十分精進。由於他對佛教發心護持，全家人也受其感染，長子陳宇廷甚且在靈泉寺出家。目前為佛光山信徒總代表的陳履安，三年前經全家眾兄妹同意，將父母陳故副總統伉儷的靈骨，自泰山請到佛光山安厝，星雲代為做了莊嚴隆重的安排。次年，佛光山籌建佛光大學，需要經費，陳院長又在家人同意下，將家中珍藏的古董字畫，「裝滿了兩卡車」運至佛光山，悉數捐出義賣，幫助大師辦學。

企業界襄助行善

和政治界人物往來，比較容易引起媒體注意，其實與星雲情誼深厚的還包括不少國內外知名大企業家。「台南幫」大家長、有「五福老人」之稱的統一企業董事長吳修齊，和星雲相識逾三十年，是佛光山的「七品功德主」。日月光企業（這個公司名稱是星雲幫忙取的）負責人張姚宏影女士，是他在美國建西來寺最主要的發起人之一。晶華酒店（原麗晶酒店）老闆潘孝銳則是自星雲開創佛光山就一路全力護持，經常幫他度過「跑三點半」的難關。「只有布施的錢，最能讓人心生歡喜。」在夫人支持下，潘先生默默行善多年，如今笑起來已像彌勒佛般的慈眉善目。

中生代企業家中，從事建築業的曾梁源、黃麗明夫婦則如同星雲的子女，不喊師父，暱稱「老爸」。才落成的佛光山台北道場，就是他夫婦倆發起集資，買來送給「老爸」的。曾家夫妻二人平日省吃儉用，不以爲苦，他們異口同聲的表示，護持師父，法喜充滿，其實自己才是最大的受益者。

文教圈惺惺相惜

除了政商人物，星雲最喜歡親近的是教育文化圈的朋友。「早年懂得爲佛教文化盡心盡力的人實在太少了，因此，對於願助我一臂之力的文友，我都尊爲上賓。」自由派學者陳鼓應、楊國樞、韋政通、胡佛等人都曾在佛學院教過書，留下良好印象。因爲在那兒備受禮遇，可以感受到師道尊嚴，而這些在一般社會學校中已漸漸淡薄了。

由於星雲自己喜愛寫作，早年有人稱他爲「佛教界的文藝新星」，直到今天，仍和藝文界友人惺惺相惜。名畫家李奇茂結婚時，星雲是證婚人；他和名編劇孫春華爲佛門親家（她的女兒法名妙融）。過去兩年，爲了替佛光大學籌款，辦了幾次書畫義賣，又與更多海內外藝術界朋友結緣。

以說寫「鬼故事」受廣大讀者歡迎的司馬中原，認識星雲二十多年，形容星雲

「目光深遠、行事積極，能因應時代，不拘泥傳統形式，一往直前的宣揚佛法，光大佛門，在精神氣勢上，確有魯智深倒拔垂楊的味道。」另外，先是以「趙茶房」之名寫散文，後進軍電視界的趙寧，則是他的皈依弟子，賜法名普光。而投身文藝工作五十多年的女作家劉枋，年齡比星雲大，也心甘情願的喊他一聲師父。

雜文作家應未遲受星雲邀約，赴普門寺享受一頓素齋之後，幽默的打趣：「俗話說和尚吃十方，我們這班搖筆桿的朋友竟然吃了十一方！」更耐人尋味的是，不少媒體工作者，由初接觸時的好奇、猜疑，到後來都因爲欽敬、感佩，心悅誠服的磕了頭。例如民生報黎玉璽、中央日報陸震廷、中國時報蘇正國等都是。

至於在演藝界，雅音小集負責人郭小莊、「小王爺」陳麗麗，「金燕子」鄭佩佩，銀色夫妻田文仲、王海波，電視連續劇「再世情緣」製作人勾峯，男女主角楊慶煌、況明潔……都是他的皈依弟子。

愛才、惜才、助才

親近過星雲的人都知道，他十分愛惜人才，尤其常在人懷才不遇或遭逢變故時伸出援手。大陸畫家李自健流落美國，爲衣食奔走，幾乎斷送藝術生涯，巧遇星雲後，受到大師賞識，他看出這個年輕人胸中潛藏的創作熱情，將自己所住的蒙地精舍讓出來，給李自健及妻女居住，囑其安心作畫。一年後，李自健以「世界需要愛心」爲主題，畫了數十幅畫獻給大師，以報知遇之恩。後來星雲又協助他分別在美國西來寺、台灣佛光山、台北市立美術館開畫展，甚獲藝術界激賞。現在正應邀至歐、美、日做巡迴展出。

「六四」之後出亡海外的南京大學教授高爾泰、浦小雨夫婦，也因著難遭難遇的緣分，由大師協助在美國安身，找到生活與心靈的歸宿。高氏夫婦談起大師，崇敬感激由衷而發，他們說，在飄萍異鄉，是大師指引他們找到生命的新起點：「喜見一燈影，萬里眼中明。」

甚至連少年時代就是唯物主義者的大陸名經濟學家千家駒，以畢生精力研究馬克思主義，並爲實現社會主義而奮鬥，幾年前因不滿中共對天安門事件的處置，離開大陸寄居美國，也受到大師照顧。後來只聽了星雲三次講經（六祖壇經），便以八十歲高齡，皈依佛門。他和星雲的關係「既是師徒，更像朋友」，彼此以「千老」及「大師」稱呼。

朋友是永久的財富

財富並非永久的朋友，朋友卻是永久的財富。數十年來，他身邊還圍繞許許多多不求聞達、不要回報的朋友。服務於高雄市政府財政局的陳劍城居士，從壽山寺到普賢寺，大師每次開示或講座他都去聽，邊聽邊點頭認同，一點就點了二十多年。追隨三十年以上，子孫三代都由大師賜名的也大有人在。美國西來寺信徒林其松事業有成，在家裏飯來張口、茶來伸手，一向是被人侍候的老太爺，卻在寺中做水陸法會時，圍上圍裙穿梭在廚房飯堂間，爲衆人添飯盛菜，笑容滿面，心甘情願。在佛光山，只要有用油漆的地方，都是永記造漆張添永、張雲罔雀居士發心供應的；奇妙的是他們和大師一年難得碰面一次，二十多年來就這樣心照不宣的維持道誼。還有，某次供僧法會圓滿，一位老婆婆衝向前塞給星雲一個紅包袋，事後打開一看，竟是黃金項鍊、指環手鐲，可惜當時沒有看清老婆婆的臉，也不知她的姓名。

爲什麼星雲當年孤身來台，如今卻能像「吸鐵石」一樣，聚合社會各界的朋友，歡喜結緣在人間呢？就實質而言，因爲信徒覺得和佛光山關係密切，凡是信徒的婚喪喜慶，山上都給予協助；每月提供書刊及資訊；經常舉辦演講、法會、共修、講習、家庭普照，幫助大家安定身心；另外還有探病慰問、祈福消災等。一些老信徒記得，往往生日前一星期就可以收到山上寄來的賀卡。就精神感情而言，則是星雲的真誠關懷、智慧圓融，維繫了衆人的向心力。

追隨師父已近四十年的林清志，不時憶起師父對他的溫馨點滴，充滿感激：

「民國五十一年，我在烈嶼服役，師父組織金門前線勞軍訪問團，特地爲我準備了一包佛書帶來，可是因爲他行程太滿，我又在金門外島駐戎，師徒無緣見面。回台灣後，師父再用郵寄寄給我，接到郵包時，我心中的感激實在無法形容。」

「服役退伍後，在師父的鼓勵下，我決心準備繼續升學，就運用講堂沒有共修的時間，每天晚上讀書到深夜一點鐘才回家，師父也常陪在旁邊自修或寫作。有時信徒送來點心，師父一定叫我多吃一點，爲了讓我安心，還說：『我沒有吃宵夜的習慣。』經過一場激烈競爭，我僥倖上榜，雖不是太理想，師父仍很高興，特地送我一本遠東書局出版的《英漢字典》。」

師大畢業之後，林清志幫助星雲創建智光商職，十年中全心奉獻，甚至連校園裏的大葉桉樹，都是他利用假期騎單車到安坑去挖、搬運、種下及細心照顧長大的。其間他曾積勞過度，造成大量胃出血，都未輕言放棄，只因爲時刻不忘師恩。「我沒有給師父丟臉。」林清志發自肺腑的說。

近十年來，林清志夫婦從教書所得中，每月寄三千元供養師父，無一月間斷。即使是親生兒女，恐怕也不易有此孝心。

慈悲體恤，智慧攝受

在今天的社會上，這位大師之所以能令人死心塌地追隨，不只因爲慈悲，還因爲深刻的智慧攝受力。演而優則導的勾峯津津樂道，有一次他覺得心裏很煩躁，「就像心裏有一座書架，架上堆了好多好多的書，很想把它們分門別類，沒想到卻把書架推倒了。」當他向師父求助，師父十分幽默的說：「我也很煩呀！只是你們是大煩，我是小煩，你們放不下，我放下了！」

「我心裏也有一個書架，也還沒整理好，如果整理好了，我就不是坐在這裏，而是坐在那兒了！」說著，用手比比菩薩端坐的方向，意思是說，如果不煩就不是凡人，而是菩薩了嘛！

他就是這麼一個「頓悟修道莫離世，隨順眾生結佛緣」的性情中人。

在星雲心中，無論是赫赫顯貴，或是市井小民，都是眾中一分子，也同樣重要，「我絕不捨棄任何一個人。」暢銷書作家林清玄記憶猶深，在他尚未成名之前，大師就對他很客氣，第一次拜訪佛光山，大師即親自在客廳門外迎接。一年多前，他應邀赴美國，爲國際佛光會巡迴演講，大師當時剛由俄羅斯風塵僕僕趕回洛杉磯，約他見面，要親自向他道謝。因爲交通阻塞，林清玄比預定時間晚了十五分鐘才到，車子剛轉進西來寺大門，遠遠只見一位和尚高大的身影，手拄枴杖，頂著七月午後兩點多的驕陽，站在路口等待。大師風範，盡在不言中。

由於這種細膩體貼、設身處地的胸懷，二、三十年來不管走到哪裏，都有很多人樂意幫他做事。而他也能先幫這些人解決行住坐臥等問題，讓他們無後顧之憂。「帶領義工，要先作義工的義工。」他說：「如果要麻煩義工寫字，就先將筆、紙、座位找好、安置好，好方便他寫字。花草要澆水，事先將水桶、水管準備好，還要告訴對方水龍頭在哪裏。」

在宜蘭奮鬥的那個年代，因爲美工人才很少，楊錫銘先生發心替慈愛幼稚園畫壁畫。星雲很感激，成天陪著準備畫筆、顏料、調色板、尺、茶水等，就好像是學徒一樣。朱橋先生則是五十年代非常有名的編輯，在編《今日佛教》雜誌時，常工作到深夜，星雲都陪在一旁，不時煮碗麵或泡杯牛奶給朱橋解饑。

至今，凡是在高速公路上行車，其他人閉目休息，只有他不忘找話題和駕駛聊幾句，一方面慰問辛勞，一方面減少打瞌睡的機會。

人脈資源歸公所有

縱然有不少人是因慕他的名或敬佩他個人而成爲佛光山的信徒及支持者，但他非常能掌握「無私」的原則，所有人脈資源都歸團體所有。「信徒是佛教的，不是私人的，對信徒不要輕易提出請求、化緣，更不可與之有金錢來往，不可對信徒發脾氣，使信徒喪失信心。」星雲不只一次提醒各地弟子及員工，廣結善緣在他心中的重要性：「對待信徒的冷漠，猶如待我的冰寒；待客的疏失，宛然是對我的傷害。」

有一回，他間接聽到中部某寺院的年輕住持說，現在信徒不好帶，不肯幫忙拖地、擦窗子，絕少動怒的他氣憤慚愧的說：「我的徒弟若真的有這種錯誤觀念，我一定叫他拖地、擦窗子十年。信徒發心服務固然好，不幫忙也是應該，他們是來禮佛，不是來做工的！」

紅塵場中做道場

他常教育弟子，禪宗稱佛門爲叢林，獨木不能成林，凡事都要眾志成城，修行不可離開羣眾，要做到「血液與大眾分不開，脈搏與羣眾共跳躍」。就是因爲深知羣眾力量的重要，所以他在現代社會中發展佛教，特別強調普及性、便利性及親和力。

傳統佛教寺廟多半蓋在深林山巔或街底陋巷，屋舍窄狹晦暗，一般人不是根本找不到，就是不敢接近，首先失了「地利」；法師足不出戶、冷淡嚴肅，又缺少「人和」。但佛光山各地別分院一掃這種形象，塑造出光明、亮麗、活潑的風貌，除了是禮佛學佛之處，更發揮社交、進修等多種功能。不少曾參訪過佛光山別分院的人發現，它們頗有「紅塵場中做道場」的味道。甚至在講堂樓下就是理容院、KTV，問星雲爲什麼？他笑著回答：「下面是地獄，上面是天堂，希望人們都能由地獄上升到天堂來。」

才落成啓用不久的台北道場，位於松山火車站旁，目標顯著，交通便利（中南部信徒下火車即到），又有方便的停車場。自十四樓以下五層，分別規畫成佛殿、會議廳、禪堂、齋堂、談話室、視聽室、流通中心、佛光美術館等，方便信徒在此參加各種活動、法會。出了電梯，有清楚的標示，還有義工帶路或說明，讓人感受到親切與尊重。一年多來，已成爲最受北部地區佛教徒歡迎的道場。

「繁華紅塵，正是菩提道場；一心清淨，處處安禪之所。」星雲希望有一天在各通都大邑都有信徒樂於親近的佛教寺院，使佛教在眾人的生活中及心裏生根。

未成佛道，先結人緣

百萬信徒、社會各階層的知交好友，絕非一朝一夕所能刻意成就，而是他四十年來廣結善緣的自然結果。在許多信徒朋友心目中，終年一襲駱黃長衫、高大挺拔的星雲是「望之儼然，即之也溫」，一動一靜之間，均可感受到他那顆撲撲跳躍的赤子之心。

「未成佛道，先結人緣」，佛光山能有今天，與星雲的廣結善緣滿天下緊密攸關，如同他爲佛光山大雄寶殿親題的一幅對聯：

十方來，十方去，共成十方事；
萬人修，萬人捨，同結萬人緣。

第四部

弘法度眾

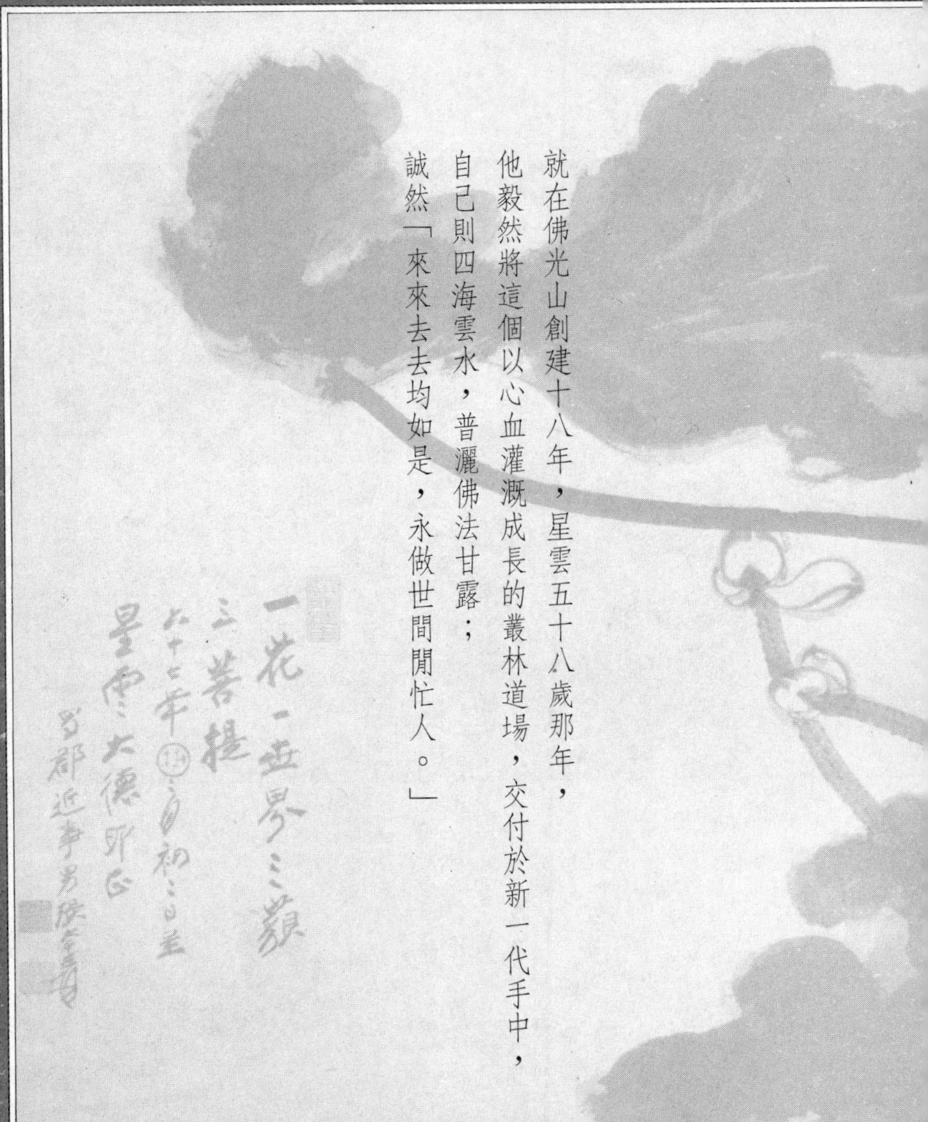

就在佛光山創建十八年，星雲五十八歲那年，
他毅然將這個以心血灌溉成長的叢林道場，交付於新一代手中，
自己則四海雲水，普灑佛法甘露；
誠然「來來去去均如是，永做世間閒忙人。」

上：於退位大典中，傳法給佛光山新任住持。跪者為心平和尚。

左：星雲弘法足跡可說無遠弗屆，曾遠至沙漠中的埃及（上）、叢山峻嶺中的印度拉達克。（下）

隨著他的雲水行腳，在極北的俄羅斯（右）、蠻荒一隅的泰北難民營（左下），均承受到佛法甘露。甚至連摔傷了腿也不會停下休息。

右：率領弘法探親團至大陸訪問，掀起「星雲旋風」。中國佛教協會會長趙樸初在機場歡迎。

下：許家屯事件發生後，星雲在陸鏗先生陪同下，代表許家屯在西來寺舉行記者會。

第十三章

交棒與接棒

歲月在胼手胝足開山、苦心孤詣經營中逝去，佛光山由襁褓嬰兒成長爲弱冠少年，一如天下父母，撫育它成長的星雲決定放手，讓它接受獨立的考驗，迎向更廣闊的天地。就在佛光山創立滿十八載之時，星雲宣布退位，將住持職務交由男眾大弟子心平和尚接任。

歷史時刻世代交替

民國七十四年九月二十二日，是佛光山世代交替、遞嬗薪傳的歷史性時刻。清晨，南台灣的天空初露曙光，放眼望去，大雄寶殿前的廣場上已黑壓壓的跪滿了信徒，不論是粗布褂衫的老阿媽，還是修飾得宜的年輕婦女；有的男士西裝革履，有的少年仔T恤牛仔褲，一律雙手合十，鴉雀無聲，目迎十多位青年法師在佛前誦經禮拜，鐘鼓齊鳴中，引頸期待這一場台灣佛教史上首見的傳位大典。

十時正，秋陽升得好高，在一地金光下，由月基長老及悟一長老見證，一萬多名信徒觀禮，星雲展開法卷朗聲宣讀，讓全場的人都聽到歷代臨濟宗的傳承及祖師名號。接著一一傳授新任住持衣缽、組織規程暨清規；以及象徵住持身分的如意、法杖、拂塵等法器。心平和尚肅穆接受之後當眾宣誓：

「以師心爲心，以師志爲志；

恪遵寺規宗旨，弘法利生；
接納十方大眾，發揚佛光道風。」
禮成，樂聲昂揚時，上千隻鴿子同時振翅高飛，翔遊藍天，眾人懷著送舊的依依，迎新的興奮，久久仰望不忍散去。
完成傳缽心願的開山大師星雲，由新住持心平、管理人慈惠法師，以及各地寺院住持等一百多位弟子送行，先至大雄寶殿向佛祖頂禮拜別，然後徐徐徒步下山，再一次巡禮他熟悉的一景一物、一花一葉。
這時，從大殿到不二門長達約一公里的沿路兩旁，也站滿了情緒悲切的信眾，不少人流下淚，哽咽要求：
「師父，您一路保重！」
「師父，您要早些回來！」
「師父，您不能忘了我們！」
在瀰漫著濃濃離情的氣氛中，星雲始終頷首微笑，頻頻揮手向信徒致謝，難捨得捨，難行須行，他堅毅的身影終於消失在山門外……。

順利轉移行政責任

從表面上看，這一次意義深遠的退位之舉，似乎十分突然，因為自星雲對外宣布消息，到正式完成儀式，不過短短一個月。然而，對佛光山大眾而言，這本就是制度的一部分，新住持上任並不表示改朝換代，只是行政責任的轉移。

星雲不僅是這個制度的倡議者，也是實踐這個制度的行動者。

早在開山伊始、初創規矩時，他就於佛光山寺組織章程第四章第二十二條中明訂：「本寺住持即宗長，六年一任，連選得連任一次，特殊情形之下，有三分之二以上同意者得連任兩次。」因此，早在住持第二任屆滿時，他即已開始物色接棒人選，甚至不排斥由非佛光山的人出任。第三任期滿，縱然大眾婉留殷殷，他仍堅持依法奉行。幾經考慮，終於徵得寺內大眾同意，由心平和尚出任住持。另外由於「監督寺廟條例」規定，寺廟除了住持還須有一管理人，以前由星雲一人兼任，他卸位後將由慈惠法師出任管理人。

心平法師為宜蘭縣人，現年五十八歲，隨星雲學佛逾三十載，民國五十年披剃出家，五十二年受戒於基隆海會寺道源長老座下。先後就讀壽山佛學院及中國佛教研究院。佛光山建寺初期，心平長駐山上工寮，一砂一石均有他的血汗。六十二年，授記爲男眾弟子中的大師兄。他雖身爲首座弟子，但不擺師兄架子，個性謙和慈悲，深受大眾敬愛。天生一副金嗓，在佛事梵唄方面，水準一流。

素有「佛教界才女」之稱的慈惠法師，現年六十歲，出身宜蘭世家，爲省立蘭陽女中高材生，思路敏捷、行事周延，是擔任管理人一職的不二人選。星雲初至宜蘭，她即已追隨師父，出家前後擔任星雲台語翻譯四十多年，對消除語言隔閡，使佛教深入台灣民間社會功不可沒。她擁有日本大谷大學文學碩士學位，亦曾赴國立京都大學再深造，在中國文化大學講學多年，對文化教育工作貢獻良多。

法治重於人治

就在佛光山創建十八年，也是星雲五十八歲那年，他毅然將這個以心血灌溉成長的叢林道場，交付於新一代手中。退位前撰了一首偈子代表自己的用心：

佛光山人西方去，摩迦行者東土來；
來來去去均如是，永做世間閒忙人。

面對弟子眷戀、信徒依依，他心中卻極爲淡然，因爲他相信惟有制度能使教團的生命延續下去。在傳法大典中，他清楚說明退位是基於下面四個理由：

一、法治重於人治。

二、不是非我不可。

三、退位不是退休。

四、加強新舊交替。

「退位僅是辭去一般的行政業務，和尚終究是和尚，師父這個身分也是辭不掉的呀！」

交棒了，制度落實了，他心中惟一不忍的是將幾千萬元的債務也留給新住持去承受。這些年來，敦厚穩重的心平和尚從未將債務示眾，也沒有一句埋怨，默默挑起山上大眾食指浩繁的重擔。

單從佛光山內部來說，傳位之舉意謂著打通新陳代謝的血脈，有助於它成爲一個組織更健全的現代化佛教團體；對台灣的佛教界而言，卻像在湖心投下一塊巨石，掀起圈圈漣漪。

首創住持任期制度

根據中國佛教的傳統，替換新住持本是理所當然之事。叢林寺院新住持的產生，若依法系傳給弟子者，稱爲「法門叢林」，也就是俗稱的「子孫叢林」；此即爲傳法。若廣招天下大德高僧爲住持，不由徒弟繼承者，稱「十方叢林」，此即爲傳賢。目前佛光山換新住持會引起震撼呢？既有此傳統，爲什麼佛光山換新住持法，但也不排斥有朝一日傳賢的可能性。既有此傳統，爲什麼佛光山換新住持會引起震撼呢？

佛教學者楊惠南在該次退位大典後，於《聯合月刊》上發表了一篇文章，名叫〈星雲立了個『壞』榜樣？〉其實這篇文章是正話反說，有讚揚星雲並希望其他人見賢思齊之意。楊教授也指出，在中國傳統寺廟中，雖沒有任期制度，但住持退位不是件稀罕事；一個上了軌道的寺院，本就有新舊交替的制度運作。

反觀台灣，政府遷台前大多寺廟均爲神佛雜處，廟產不清，或由出錢最多的財主把持，出家人淪爲「雇員」；或一旦當上住持即成爲非死不放手的「萬年領導」。如同李敖曾說的，中國老一輩不但不交棒，而且還要給年輕人當頭一棒。再加上現行的「監督寺廟條例」惡法，又助長了出家人與在家人之間的糾紛。多年來，不時發生寺廟老住持死在任上，他的出家弟子、俗家兒女，甚至管理人之間爭奪廟產、法庭涉訟，乃至演出全武行，玷汙佛門清淨的新聞。

因此楊惠南教授認爲，星雲退位，首開住持有任期的風氣，也爲台灣寺廟管理制度化找出了可行方向。「那些原本企圖擔任萬年住持的出家人，從此可能坐立不安，是從善如流，起而效法呢？還是我行我素、把持不放呢？星雲呀！星雲，你立下了一個壞榜樣！」

事實證明，星雲退位非但不是壞榜樣，反而是好典範。近幾年來老一輩外省出家人主持的寺廟，如靈根長老的松山寺、南亭法師的華嚴蓮社、印順法師的慧日講堂，也紛紛把位子交了出去。

體現交棒精神

最重要的是在他功成身退的感化之下，佛光山表現得朝氣蓬勃，弟子都樂意成就他人，也有「成功不必在我」的信念，以別人的光榮爲榮。尤其是幾位大師兄，不占不爭、不怕師弟比自己強，更體現了師父交棒的精神。

例如，在海內外建寺開山，功勞與苦勞都很大的慈莊法師，當年一手創辦了台北普門寺，甫落成十天，卻提出辭呈，把普門寺交給年輕師弟去主持，自己則無我無私的奔赴另一段開山旅程。又如，依空法師赴東京大學深造，是由同樣留日的慈莊法師安排，並親自送她去日本安頓。人家問他：「你自己只讀佛教大學，爲什麼讓依空讀東京大學？」她只簡短答了一句話：「這就是佛光山精神。」

有一年，星雲應邀在香港演講，先後到東南亞及日本弘法的許多位別分院住持不約而同會師香江。他笑著對心平和尚說：「你不怕會回去住持被推翻了嗎？這種傾巢而出，犯了兵家大忌。」心平也笑著回答：「那我們就開創第二個佛光山！」在座弟子也都不禁會心一笑。這句話代表他放心交棒，第二代領導者也能授權，一切在制度上運作，不論誰當家，都能依法奉行。

真正放下

退位至今十年了，星雲真的做到了「放下」。退位後先是到美國閉關半年，以便讓後繼者從容接任。這些年，重要客人到佛光山拜訪，即使他人在山上也不出面，完全由新住持代表接待。各別分院寺廟建設、共修、法會等也由弟子獨當一面，不插手干涉。如有人來請示，一定先問：「問過住持了嗎？他的看法如何？」不輕易表示意見。所以能如此，一方面是對佛光山組織運作及規矩制度很有信心，一方面顯示他對新領袖的肯定支持。將心比心，他誠懇的說：「我最不喜歡人家『丟碗不丟筷子』，退位了就該真正放手。」

不久前，他讀到報載李登輝總統有一個夢，希望在生前讓政權和平轉移，他語重心長的說：「我的夢已經實現了！」

這麼多年來，可以看出星雲是一個不介意名器的人，雖已交出住持之位，但只要工作交到他手上，仍全力以赴。「不論是編雜誌、在廚房幫忙，一樣能有好的表現。」他說。一年農曆春節，正是信徒大批回山的旺季，停車問題棘手，爲了避免附近民眾向信徒敲竹槓；也爲了讓所有車子停在山下，保持寺院靜謐的環境，佛光山特別在山下整了一塊地充做停車場。已是除夕夜，大家都忙，他向住持心平領了一份工作——去停車場畫線。至六時圍爐，工作仍未完成，只好先擱下，到吃年夜飯的地方和大家照個面，又輕手輕腳下山來，繼續在停車場工作。他和一對蔡姓信徒夫婦，到淩晨四時收工，共畫好大客車停車位八十輛，小客車停車位八百輛。新春初一喜氣洋溢的早晨，信徒絡繹來寺，已有整齊的位置停車，星雲才和衣睡下。

另外有一次，籌備佛光大學第一梯次書畫義賣槌聲甫歇，展覽場畫去樓空。半夜，工作人員下班後，他帶著幾個徒眾，敲敲打打、踩低爬高，親自掛妥另一批書畫。只因爲他希望第二天信徒一來，又有新作品可以欣賞。

「會做事的人給他一件小事，可以愈做愈大；不會做事的人給他一件大事，只會愈做愈小。」他就是這麼一位居高處不嫌事小，把小事做成大事的典範人物。

退步原來是向前

回顧退位初心，除了希望落實制度，培養新血之外，他自己也想辭卸行政瑣事，以便有餘裕靜修、課徒、讀書、寫作。然而觀察敏銳的人看出，以他旺盛的生命力，在六十歲不到的壯年，絕不可能就此息隱。「他很有智慧，在佛光山任憑怎麼做，不過是個住持；他必須把蛋殼啄破，退位其實開啓了生命的新航程。」比星雲長兩歲，也是皈依弟子的中華漢藏協會祕書長張培耕一語道破。

印證這十年的表現，星雲果真如破繭而出，締造了世界性、全方位的佛教事業，也開創出個人生命燦爛的第二春。當有人詢問：「你退位後佛光山是屬誰所有？」「佛光山不屬於某一個人所有，只要你心中有佛光山，佛光山就是你的……。而我本身也不覺得佛光山是我的，因爲世界、宇宙都是我的……。」「因爲我能放下，放下了才能再提起。」星雲用一首佛門偈語點出退位十年的心情：

手把青秧插滿田，低頭便見水中天；
身心清淨方為道，退步原來是向前。

第十四章

忙而不苦雲水僧

《高僧傳》中所收錄的歷代高僧大德中，依其貢獻可分爲十個種類，包括修持僧、學問僧、度化僧、苦行僧……等，以星雲四十餘年的努力及成果來看，無疑可以歸入度化高僧之列。

佛在心中，道在腳下

佛在心中，道在腳下。弘法度眾的過程中，他曾歷經許多外人難以想像的艱辛。初來台灣頭幾年，他受東初法師之託主編《人生》雜誌，當時排版、印刷工廠都在三重，公車票一塊錢他也捨不得坐，餓著肚子在工廠看師傅工作，一整天沒吃飯更是司空見慣的事。二十八歲那年，他率領信徒巡迴全省宣傳大藏經，往東部的路上，爲了避免道路顛簸，震壞了得來不易的錄音機，一直把機器擺在腿上。結果因此罹患嚴重的風濕性關節炎，差一點要鋸腿，以殘障終其一生。另一次是到高雄講經，火車上列車長來查票，他一時翻遍了全身卻遍尋不著，身上又沒有半毛錢，只得掏出一支鋼筆充當補票之款。

物質貧乏固然是那個時代的常態，大環境的封閉僵化更考驗他弘法度眾的決心。

回想戒嚴時期，一切羣眾聚會似乎都有「反動」嫌疑，無論在大樹下、戲台前，都有情治人員巡邏跟監，注意看有無「大逆不道」的言論，還經常中途打斷或驅散聽眾，所持的理由是「沒有向有關單位呈報申請」。經驗是最好的老師，以後每次開講之前，先歌誦一下國民黨或政府的英明偉大，就可以免掉不少這種困擾。

那個年代，大陸淪陷前學生運動的餘悸猶存，執政當局對校園及學生活動戒慎非常，星雲於五十年代開辦大專學生佛學夏令營，引起的疑懼可想而知；想進入大學校園弘法更是難上加難。有一次要去師大演講，海報都已張貼出去，當天竟無緣無故的被取消。若問為什麼天主教、基督教可以在校園裏傳教，甚至開設課程，而佛教不能，換得的只是冷漠的表情。

而當年監獄中拘留的，除去作奸犯科之輩，不少是思想犯或政治上的異議分子，即便是佛教有意協助化解暴戾對抗之氣，也始終無緣進入監獄弘法。軍中、警察等團體因涉及「國家安全」大計，更遭到嚴密控制，出家人根本不敢奢望闖入禁地。

此外，幾乎由執政當局全面主控的大眾傳播媒介，對於佛教弘法工作亦百般刁難。民國六十九年，佛教節目「信心門」在中視播出，本來已經錄好五分鐘片頭，是由星雲介紹節目的緣起及意義。播出前一天卻通知說只能出現聲音，不能出現影像，問電視公司為什麼？答以電視上不可以出現和尚。再問為什麼連續劇裏可以出現和尚？答案竟是：「假和尚可以，真和尚就不行。」時間的巨輪滾動出台灣政治、經濟、社會環境的變遷，星雲這位度化僧的忍耐堅持也澆灌出佛教盛綻的花朵。

如今，佛光山遍及各地的佛教道場及講堂，設備新穎、莊嚴亮麗，大眾很容易就近前來聽經共修；星雲弘法的據點，也一路由國立藝術館、中山堂、中正文化中心到國父紀念館、林口體育館，把佛法帶上國家級殿堂。而大專佛學夏令營開辦二十多年，更接引了成千上萬新一代知識分子共浴佛恩，爲佛教栽培出優秀的人才。一年到頭，各大專院校希望他去演講的邀請不斷，不但他本人受禮聘，在東海大學講授「宗教與人生」課程；還在中國文化大學成立印度文化研究所，並出任第一屆所長。目前全國大專院校中知識青年學佛風氣鼎盛，他居功厥偉。

獄中、軍中大受歡迎

而監獄佈教在星雲努力突破防線之後，已成爲佛光山法師的例行工作。十數年來，他足跡幾乎踏遍了全省監獄，法務部也頒授給他教誨師的資格。他常告訴受刑人：「監獄其實是最好的修道場所，正可利用這段時間真心懺悔。如果將受刑視爲閉關修行，心中何其自在。」一天，一位靦腆的年輕人來拜見星雲，囁嚅道出心聲

：「大師，您還記得我嗎？五年前我在某監獄服刑，您的話救了我一生……。」也曾收到一份兩百元的紅包，上面寫著「供養師父，改邪歸正的弟子××頂禮」。

軍中弘法算是進展較遲的，但成果十分卓著。前行政院長郝柏村擔任參謀總長任內，開始允許星雲在軍中佈教，掀起一股軍中學佛的熱潮。七十八年間，他連續踏上金門、馬祖，在前線受到司令官黃幸強、葉競榮等人誠摯歡迎，佛學講座也反應良好。之後又受國防部之邀，巡迴海陸空和憲兵部隊、軍事院校，一路上搭乘軍車、軍機、軍艦，法界任遨遊。佛教的蓮花不但在三軍官兵心中吐芳抒芬，連最「死硬派」的情報局也邀他去廣開法筵。

隨著社會多元化的腳步，言論尺度鬆綁，加上佛教徒日益增多，電視公司不得不從善如流，對佛教節目及出家人刮目相待。台視、華視、中視均分別播過好幾個佛教節目。撫今追昔，當年這位和尚要四處籌措，以一年數百萬元向電視公司買播出時段，還只是被「勉強接受」；現在則是電視公司情商他撥冗做節目，每集三分鐘致贈六百元車馬費。

永不下班

弘法度眾雖是一條從未間斷過的道路，但讓星雲影響力發揮得淋漓盡致的，卻是卸下住持之位後的這十年。

「高速公路是我的床鋪，汽車當我的餐廳」是他在台灣行腳之旅的常態。爲了滿足各地信眾的需求，他常在太陽還揉著惺忪睡眼的微曦中自高雄驅車出發，再於星斗綴滿天空的子夜上路回來。去年，他冒著七月盛夏溽暑，環繞台灣跑了一圈，三天之內，由宜蘭、花蓮、台東、屏東、高雄、台南、彰化、苗栗、新竹到桃園、台北，演講開示共十八場，見了約二萬名信徒。三少四壯的隨行採訪記者從未有這種「急行軍」的訓練，幾度大呼吃不消，年近七十的大師卻毫無疲態，還誠懇的致歉：「不好意思辛苦你了，我是早就習慣了，人忙心不忙嘛！」

有一回，他前一天從台北趕回佛光山已是凌晨一時，早上六點準時到萬壽堂主持陳故副總統辭公往生二十九週年追思法會，中午再度北上，先在台北道場演講，又接著主持老歌義唱籌備會、素齋談禪座談，直到深夜十二點，終於可以「下班」了。走進電梯，忍不住深深吸了一口氣，脫口而出：「下班的感覺真好！」身旁徒弟異口同聲：「師父都沒領加班費。」

「永不下班」幾乎就是他日常生活的寫照。即使病了、受傷了仍然勉力爲之，只因爲不想讓人擔心失望。四年前，他不慎在浴室內滑了一跤，把右腿大腿骨跌斷了，住院開刀，在腿骨上釘了四根鋼釘。本來他已允諾一星期後要爲中國文藝協會演講一場，知道他受傷的消息，主辦單位立刻通知大家改期。沒想到三天之後又宣布大師希望照原訂計畫舉行。演講那天，他才剛出院，由人推著輪椅登上中央圖書館講台，講足一小時。當天他臉色蒼白，顯然體力尚虛，很多聽眾都感動得哭了。

「即使他一句話不說，今天也是最成功的演講，多了不起的修行！」一位當天在場身歷其境的佛教徒由衷感佩。

一年繞地球兩周半

「追逐風，追逐太陽」則描述了他海外弘法的雲水生涯。在別人想像中，也許認為他經常搭噴射機環遊世界，這個比丘的生活好不浪漫愜意？殊不知箇中滋味。

有人從他的日記中統計，星雲一年大約要繞地球兩周半，平均每天旅行一百六十公里。光是八十二年夏天，他一個月內行遍四大洲，到過俄羅斯、紐西蘭、澳洲、香港、英國、德國、巴西、法國、美國、加拿大，搭機次數不知凡幾，「空中飛人」當之無愧。好友中視公司總經理石永貴有一次開玩笑：「您今天到世界各國去，大概不需要護照了吧！」兩位信徒體恤師父常居無定所，送他老花眼鏡，一送就送了二十四副，並且說以後一個地方放一副，師父就不怕沒有眼鏡戴了。

在海外奔忙多年，太陽也有休息的時候，這位雲水僧卻沒有「時差」的權利，走到哪裏都要馬上進入狀況、開始工作。大略估算，他平均每年演講開示不下千次；主持皈依儀式所收的弟子多在七、八萬人之譜；接見團體約一百二十個；會客一千人次左右；寫作出版百萬言；電視錄影超過三百集……。「我心中好像有一個微調機器，隨時對準不同時間、空間，心情、注意力立刻能傳出適當的頻率。」他這樣形容自己適應環境的本領。

且隨他出門旅行一趟吧！從踏入機場第一步，不斷有人慕名聞風而來，找他講話，要求合照。有時一團幾十個人，爲了不讓大家失望，一一輪番上來，每人看照相機一分鐘，他卻要看幾十分鐘，還有一些摩登小姐，一定要靠得很近照，眞是難爲人也。上了飛機，機員、空中小姐殷勤問候，同機乘客川流請見。到達目的地，接機者一擁而上，花束、花環，幾乎全身眼耳鼻都埋到花堆之中；鎂光燈此起彼落；應付七嘴八舌的問候寒暄；保安人員嚴陣以待……。接著馬不停蹄趕場演講、會客、開示、主持會議……，爭分奪秒，一刻不得喘息。好不容易忙完了，每離開一處，熱烈送行場面又都要重演一次。

忙，就是修行

跟隨師父行腳多年的慈莊法師記得，一年去馬來西亞弘法，一天共參訪了十三個寺廟，清早就有人登門拜訪，開示一場接一場，回到下榻旅舍，信徒依依尾隨而至，只爲了想再和師父說幾句話，總要到半夜兩、三點才散去。在緊湊行程下，隨時有大批人相迎、恭送，吃飯又被安排坐在主位，一天之中往往連說聲「失陪」（上洗手間）的空檔都沒有。最苦的是，因爲有的地方難得去一趟，信徒紛紛熱誠供養佳餚果蔬，往往前一餐的尚未消化，第二餐又接踵而至。但爲了給對方歡喜，只得勉強苦吃。其實他最不喜歡這些人情應酬，邀宴浪費時間不說，一襲長衫在飯店裏飄動也實在不宜。

雲遊四海，舟車勞頓，「我經常和衣而臥，一覺醒來，朦朧之中，往往一時弄不清自己身在何處？」有人冷言冷語，既已退位了，何必這麼辛苦，「野心」實在太大了！了解他的人卻知道這不是野心，而是願心——「願借昨月昨日還今月今日，願借來月來日補作今月今日」。再怎麼會說，星雲已經是快七十歲的人了，體力、精神總不比年輕一輩，他也會倦、也會累，偶爾也想停下來稍喘一口氣，但人生苦短，該做的事實在太多了，「我想找一個地方閉關清修其實很容易，但佛教還有那麼多弘法工作未完成，我怎能休息，我是弟子的榜樣，我都休息了，他們不是也要跟著休息！」

且看他一日「標準行程」——口頭說話（演講、上課、開示、會客）八小時；

手寫四小時；步行或乘車四小時，睡眠六小時，吃飯盥洗雜務二小時。有人質疑，他這麼忙哪有時間修行，「替眾生服務，滿眾生所需，解眾生苦難，忙，就是修行，一個人要閒，到棺材裏就閒了！」大哉斯言。

時間管理有訣竅

忙，既然成了生活常態，時間管理益發重要。他這一生頗引以爲傲的就是守時。記得小時候無意中在洋學校的課本上讀到這麼一段話：「短衣短褲上學校，從不遲到半分鐘。」一個平淡的句子，卻養成他數十年守時的習慣。若是次晨有事，時間一到自然會醒來；和人約會，準定提早出門。最不可思議的是錄電視節目，每集平均約需預錄四分鐘，他前後總差不到十五秒，而且從不NG，錄好的帶子事後更不用剪接。一羣工作人員非常佩服，說他好像「於袍袖中藏了一個鬧鐘」。

他也善於事前規畫，並懂得巧妙運用瑣碎時間。想當年在叢林參學，紀律嚴過軍隊，早上穿衣梳洗只有三分鐘，他前一晚就想好衣服脫下怎麼擺，被單怎麼折，東西如何放，明天才能順利做完。因此他排班上殿時，總能站在前三名。這種功力延續至今，他可以在飛機上寫文章；在車上回傳真；每經過一根電線桿都可以唸一聲「阿彌陀佛」。當很多人一起來談事情，他可以同時眼睛看文件、耳朵聽報告、口中回指示，有條不紊，令人皆大歡喜。

修持有多門，匯歸菩薩行。過去十年來，行腳的辛苦畢竟沒有白費，在許多地方灑遍蓮華種子，結下善因佛緣。

民國七十七年他遠赴泰北，深入叢山峻嶺不毛之地弘法義診。一路上山路險，險如登天，大車換小車、小車換騾子，某些人跡罕至的村莊還要借搭泰國軍方的直昇機才到得了。然而看見這羣流落異鄉龍的子孫，他不但以金錢、醫療救他們的身體，更以佛法拔苦與樂，安慰創痛的心靈，受到眾人熱烈擁抱。泰北第三軍李文煥將軍的女兒李健圓小姐後來也來到台灣，在佛光山住了三天，離去時熱淚盈眶：

「師父對我們泰北同胞真是恩同再造！」

東方明珠浴佛恩

另一個比較明顯的成果在香港。歷史上，香港受英人統治近百年，西方的天主教、基督教幾乎是隨著英女皇像長驅直入，全港基督教、天主教辦的學校、醫院、教堂林立。本地宗教卻神佛不分，類似「黃大仙廟」的民間信仰香火鼎盛；反倒是佛教發展遲滯。當然也有不少法師大德的努力，如覺光、永惺、暢懷法師等，興辦不少佛教事業，像醫院、學校、養老院等，但畢竟難改一般人的觀念。

自從星雲七年前開始至香港弘法度眾，局面一年年改觀。聽講的人一次多過一次，免費票竟也出現「黃牛行情」；紅磡體育館方面由排拒、懷疑到引以爲榮，每年固定空出三天給他開大座，舉辦「此岸彼岸弘法大會」，紅館也因此被盛讚爲「香江的一朵淨蓮」。只要是他在香港停留期間，各界精英紛紛請見，電台、電視台也安排訪問。

這位來自台灣的大和尚，一掃許多人以爲出家人只坐收供養，對社會毫無貢獻的錯誤印象，連續好幾年不但弘法度眾，更參與慈善公益活動，分別以托缽淨款捐贈給香港政府做爲公益金——爲東華三院作贈醫施藥之用、爲保良局成立兒童教育基金以及設立基金會幫助弱智人士……。

隨著星雲的聲勢，香港佛教界地位大有改善。他們開始站出來講經、和大眾接觸；政界商界名流也敢承認自己是佛教徒，民眾漸漸懂得尊重僧寶，修習佛理。這顆東方明珠終於蒙受到法乳佛恩。

中華民國新聞局駐港新聞處主任、現任國大代表江素惠，以旅港十五年的經驗指出，面對「九七大限」，香港人心惶惶，有一種前途不確定之感，於是傾向追求心靈上的寄託。具有智慧遠見的星雲選對時機切入，給香港注入一股安定力量，他的聲譽因此水漲船高。

香港百年來即是中西文化交聚之點，也是中國人向外移出的口岸，一方面由於星雲認真經營，因緣俱足；一方面由於許家屯事件，讓香港人普遍對他有好感，幾年下來，隨著香港人移民到世界各個角落——英國、美國、加拿大、澳洲，甚至南非，星雲的影響力也無遠弗居。幾次談起這一點，星雲對香港信徒感念至深，並說如果不是靠他們打前哨，佛法不可能這麼快就傳遍六大洲。

不增不減的出家人

十年歲月在分秒不歇中一晃而逝，當年那位單純想辭卸行政責任，專心靜修、課徒、讀書、寫作的比丘，卻在殊勝因緣下開拓出更大格局。

達賴喇嘛得到諾貝爾和平獎的時候，記者問達賴有什麼感想，答以：「我仍是個不增不減的出家人！」問星雲當佛光山住持和當個雲水僧有什麼不同，答案也是如此。

辛苦，爲報佛恩；忍勞，爲利人天。僧鞋踩過，留下步步蓮華；衣袂揚起，揮灑佛國淨土。雖是搭乘現代交通工具，這位當代高僧與唐代那位一騎白馬橫度八百里流沙，「寧向西土一步死，不向東土一步生」的玄奘大師，遙相呼應，各爲佛教歷史寫下一頁不朽篇章。

第十五章

台灣情，中國心

以台灣爲圓心，畫出星雲近十年弘法行腳的半徑，幾乎涵蓋了全球各地，行雲流水，自在揮灑，惟獨沒有機會踏上睽違四十載的神州故土。這一方面是因爲中共得掌天下之後，視宗教爲反動組織，燃燭燒香是迷信活動，一律禁止，只象徵性留了幾個寺院和著名法師，做爲統戰的手段。另一方面，國民黨政府帶著鬥爭失敗的創痛來到台灣，始終抱持「漢賊不兩立」的倔強，在「三不」政策下，徹底切斷與大陸來往的管道，即使佛教在台灣已有長足的發展，影響力也無法擴及彼岸。然而，海峽對岸自七十年代末逐步改革開放；故總統經國先生生前又確定開放大陸探親政策，啓動了兩岸經貿、文化交流的鍵鈕。這些因素間接促成星雲回鄉的機會，也將他推上兩岸互動時的微妙地位。

止咳糖結下歸鄉緣

身在佛門，「緣」之一字實在不可說，爲星雲結下返鄉之緣的竟是一粒小小的止咳糖。民國七十五年，星雲和田劉世綸女士（葉曼居士）應邀參加泰皇浦美蓬六十歲華誕慶典，座位正巧被安排在中國（大陸）佛教協會會長趙樸初夫婦的後一排。典禮進行中，趙夫人忽然咳嗽起來，而且愈咳愈厲害。田夫人從皮包中拿出一顆止咳糖，悄悄遞給趙夫人，趙夫人含進口中，咳嗽立止，連稱感謝。

本來都是中國人，在海外一下子就交上了朋友，趙樸老當晚回贈著作一册，並親筆題字。

趙樸老已年逾八十，任中共政協副主席（相當於副總理），不但精通元曲及詩詞，心地慈悲，學養俱佳，更是中國當代三大書法家之一。他一生以佛教爲命，竭盡所能護持佛法。近年爲修復廟宇奔走，不遺餘力，去年還以八十八歲高齡遠赴香港，在大嶼山籌建了一尊雄偉的青銅大佛。香港政府數月前以此莊嚴大佛像做爲地鐵磁票上的圖案，儼然香港文化新圖騰。

七十五年時，趙樸老是第一次見到台灣來的星雲，雖然二人足足相差了二十歲，卻一敘成莫逆，對於這位器宇軒昂、弘法有成的忘年之友十分肯定，並約定日後再續前緣。

果然兩年後在美國又結殊勝因緣。那年年底，星雲挑下重擔，在洛杉磯西來寺主辦第十六屆世界佛教徒友誼會，以及第七屆佛教青年友誼會。爲了辦好這兩個會議，懷抱台灣情、中國心的星雲煞費思量，邀請海峽兩岸兩個佛教會同時與會，希望化解世佛會以往幾屆大會都深感頭痛的中國代表問題。（第十四屆大會在斯里蘭卡舉行，代表台灣的田劉世綸女士被選為總會副會長，中國大陸代表團憤而退席。十五屆大會在尼泊爾舉行時，北京方面則施加壓力，使台灣代表團被摒諸會外。）

爲了避免會議染上政治色彩，星雲在發出邀請函時就説明，出席的單位以所屬的團體識別，不冠國家名稱。升旗時除了升會議所在地美國的國旗外，只升世佛會的會旗，不升其他國家的國旗。同時建議海峽兩岸照樣沿用「中國佛教協會」和「中國佛教會」的名稱，而英文譯名前者爲「The Buddhist Association of Beijing, China」，後者爲「The Buddhist Association of Taipei, China」。

經過了非常曲折的協商過程，多次瀕臨決裂，幾度峯迴路轉，雙方才同意採用此一建議。總算，爭執多年的僵局得以化解，兩岸的兩個佛教團體，終於坐在一個會議廳裏了。

當星雲在大會開幕典禮上宣布這一新發展時，來自三十多國的八十幾個佛教團體，與會代表五百多人，長時間報以熱烈掌聲。一位香港代表和幾位東南亞代表談起此一突破時，一致稱道這是比奧運模式更具有意義的「星雲模式」。

由於這樣的誠意及具體成果，趙樸老具函邀請星雲訪問中國大陸。

星雲旋風

邀者熱情，受者欣然，橫在面前的困難卻是，兩岸分離四十多年，尚未有出家人正式走訪大陸，在唯物主義當道半世紀以後，如何爲這位和尚此行「定位」，也頗費周章。其間透過聞名海峽三岸的新聞老兵陸鏗跑了一趟大陸，商定行程及接待原則，民國七十八年，「國際佛教促進會弘法探親團」終於踏上故國大地，吹起一陣「星雲旋風」，也爲兩岸關係投下了一顆問路石。

訪問團一行人包括學術顧問傅偉勳、唐德剛；作家、記者、法師等七十餘人；再加上來自美、加、星各地信徒組成的幾個副團，共計多達二百餘人，聲勢浩大。他們從三月二十七日至四月二十五日，幾乎繞了大陸一圈，東起上海，西到敦煌，北至北京、南抵成都。

對於這位享譽國際的佛教界實力派人物，中共政府相當重視，給予「高規格」接待。據隨行的旅美自由作家王亦令記載，星雲的大陸之行也的確是轟動朝野。「……每到一地，省長、市長都要宴請或會見，無論機場或車站，都組織了大批僧俗列隊夾道歡迎，即使是天還未亮也不例外。去寺廟燃香禮佛，則紅毯鋪地、鐘鼓齊鳴。不論在何處乘汽車，車隊前必有公安人員駕駛的導車開道。在上海龍華寺，因適逢廟會，人山人海，除導車外，更出動了摩托車，猶嫌不足，最後一段路有制服人員，在車隊兩側跑步開道。」

期間，星雲應邀參加由北大、清大、人大三校聯合舉辦的演講會，地點在北京圖書館，他以「禪心與人心」爲題，內容精闢，表達生動，聽眾掌聲不絕。

到了四川，甚至連路人上街買東西，都在談論台灣來了位大和尚。

隨行的一位台灣記者調侃說：「國民黨政府說反攻大陸，說了幾十年，毫無作用，星雲這次倒真是在大陸登陸了。」

的確，來自台灣而能在人民大會堂發表演說的，可真是「前無古人，後無來者」。星雲此行給中國佛教界帶來了信心和希望，普遍受到長老大德衷心感佩。

中國佛教欲借的東風

在會見中共政協主席李先念及國家主席楊尚昆時，他先後坦率對文革期間破壞宗教之事表示關切，也要求落實宗教政策，把寺廟交還給出家人主持。甚至語重心長的懇勸：「你們共產黨人不信宗教沒有關係，但一定要懂宗教。」

趙樸老讚譽此行為「萬里香花結勝因」；南京棲霞山住持雪煩長老則感慨系之：「他提振了佛教久蟄的士氣，正是中國佛教界欲借的東風。」

星雲此行，真的讓大陸各界印象深刻，無論對羣眾即席演講，或應邀對佛學院學生開示；或在歡迎會上致詞，或與首長的應對，一切讚揚、施教、建言，都恰到好處，圓融不漏，充分顯示了淵博腹笥與善巧機智。

除了思想交流，此行也留下了實質的回饋。一路上曾經到過不少又破又窮的寺廟，他每天都準備了許多紅包，不論是真的出家人還是假的出家人，一律布施結緣；還送出了十幾套《佛光大辭典》及許多他自己的著作。捐獻給棲霞寺的是玉佛樓一座、大小車各一輛。還分別送給現代文學館二萬美元，中國佛教協會十萬美元及一輛旅遊巴士。至於他的故鄉江都，則獲贈二十五萬元人民幣，師父的故鄉海安十萬元，其他還有聾啞學校交通車及醫院救護車等。

中國敦煌研究所研究員、北京中央民族學院藏學教授王堯，稱讚星雲爲「利他主義的化身」，並形容「中國人拿心迎接他，他也用心擁抱同胞」。王堯認爲此行帶給全體中國人的意義是，一個受難、受委屈了百年的民族，透過大師的努力，在國際間揚眉吐氣，終於做出中國人的志氣來。

重履故土百感交集

當然，既名爲弘法探親團，星雲一定要回到久別的故鄉去省親，以及重履五十年前出家的棲霞寺。在這兩處也都出現了感人的場面。

香港《百姓月刊》社長陸鏗忠實記錄下星雲回江都老家那天的情景：「我有五十一年作記者的經驗，還是第一次見到傾城出動、萬人空巷的場面，車隊到達江都時，人們列隊歡迎，且每一行列都是兩、三層，有人從高樓伸出頭來，有人爬上大樹觀看，掌聲、歡聲響成一片。見了母親後獻上一束鮮花，握住了母親的手，一句：『我回來了！』再也無語。老母親說：『回來就好！回來就好！』淚光交織中，訴不盡思念之苦，道不盡離情別緒。接著二人在陽台上和大家見面，出家弟子唱了一首『母親頌』，唐德剛和我朗誦了祝賀母子團聚的詩。他不愧爲深入羣眾的宗教家，用平易的揚州鄉音說：『我就是李國深呀！』一個老人家含著淚說：『我們揚州總算出了這麼好的一個人。』」

「當星雲向鄉親拜別時，一位衣衫整潔的婦女，抱著大約三歲的孩子，伸向星雲，星雲用自己的臉親了孩子的臉，至少有二十部照相機搶拍了這一鏡頭……。」

對於多年前遠嫁廣西的大姐素華，雖然很高興國深弟已是當代高僧、世界知名的大人物，分別數十年後乍見，仍覺萬分心痛：「我頭髮白了，他也老了，在我記憶中他不過是個孩子！」走在南京雨花台公園林蔭小徑上，對記者談起姐弟久別重逢的那一刻，她又忍不住淚眼朦朧了起來。

回棲霞那天，早年的律學院院長和曾經責罰過他的法師，都與有榮焉的以大禮歡迎星雲，推他高居首座。起立致詞時，也深感棲霞法乳恩澤，思潮澎湃，一時哽咽，同行弟子、信徒也陪著黯然。隨後向他的師弟們——年輕的棲霞佛子開示，充滿感情的勉勵大家：「以棲霞之光，照亮未來中國佛教的前途。」

此外，回鎮江焦山寺那天，與曾經教他參佛唸經的諸師父相會，談及當年在焦山時調皮搗蛋以及如何偷跑乘渡船的往事，毫不保留，又引起眾人呵呵大笑。

一趟歷史之旅

跟著星雲走完這一趟大陸弘法探親之旅，天普大學宗教學系教授傅偉勳感受良多，在長江的峨嵋號遊艇上寫出〈中國佛教的起死回生〉一文，總結此行有四點啓迪性歷史意義：

一、間接象徵著中國佛教起死回生的外援契機，提升中國佛教的士氣。由於政經體制困難重重，大陸佛教界一時無法以本身內在力量謀求再生與振興，星雲象徵的外援發揮了催生作用。

二、佛教文化交流。參觀大足石刻及千年古剎，讓台灣及海外的佛教徒了解中華佛教文化殊勝所在；而訪問團贈送的書籍文物，也有助大陸佛教界了解佛教現代化運動及佛教文化的發展。

三、佛教研究的學術交流。在馬列主義掛帥四十年後，中國社會科學院敢於正式邀請佛教界人士舉行學術座談會，這是破天荒頭一次。也重新探討了宗教現代化、宗教與經濟社會發展的關聯性等問題，幫助大陸學術界克服「宗教即迷信」的無知和偏見。

四、超越海峽兩岸政治現實。在目前兩岸仍對峙的政治情勢中，只有在宗教上統一最沒有爭議；能夠扮演緩衝角色的，似乎也只有佛教團體最適宜。

正當訪問團風塵僕僕之際，台灣及香港部分熱中政治的媒體，卻抓住機會大作文章。有的抨擊星雲具有國民黨中評委身分，豈可赴大陸？（後來報載：執政黨主管紀律的高層人士表示，星雲並無違反黨紀事實，在大陸的言行也「恰如其分」。）有的猜測他爲台灣當局帶信傳話；有人說這個「外省和尚」是回去被統戰的；也有人批評他在大陸採「銀彈攻勢」……。

許家屯事件

然而這些畢竟只是一時炒新聞，如細小的泡沫，稍縱即逝；真正掀起拍岸巨濤的，卻是一年後的許家屯事件。

話說弘法探親團結束全部行程，取道香港返回洛杉磯，時任新華社香港分社社長的許家屯（有人說他為香港地下總督），親自設宴款待星雲。談起當日動機，現旅居美國的許家屯不諱言：「我視大師爲一位佛教高僧，一位國民黨的中央評議會的委員，在台灣的中國國民黨和政府中頗具影響力的『統戰對象』。」

由於許家屯和星雲同爲江蘇人，許家屯回憶：「當我們以帶有故鄉的口音交談後，一見如故。」當時星雲禮貌性的表示，許先生方便時請至西來寺一遊，許也欣然答應。人情練達的星雲回到美國，又致函許家屯，對在香港受到的接待再表謝意，並重申歡迎赴美一遊之意。時值「六四」之前，許社長還在辦公室內傳閱了此信，並不經意的笑稱：「星雲『策反』的信來了！」

「六四」之後，中共高層爆發整肅內鬥，開明派失勢，許家屯因在六四期間同情學運，未阻止新華社同仁支援香港的抗議活動，也被列入「秋後算帳」的黑名單中。他深感「繞樹三匝，無枝可棲」，次年五月以「旅遊休息」的名義悄然飛美，星雲兌現邀請，招待他住進西來寺。

此時，從大陸、香港、美國到台灣卻像炸了鍋，紛紛追尋許家屯的下落。這也難怪，許家屯任新華社社長七年，甚受香港各界歡迎，有「許第一」的雅號。他共產黨黨齡超過五十年，是五十年代王明出走蘇聯、七十年代林彪亡命蒙古以來，離開中國大陸最高階級的官員。一旦行蹤成謎，多少人夜不安枕。

起初並沒有人知道許落腳在廟裏，十幾天後，星雲爲盡地主之誼，陪許遊覽聖地牙哥、拉斯維加斯，途經鬼鎮，給香港遊客發現了，照片登上了香港報紙。從此寺中不得安寧，日夜電話鈴聲大作，查訪許的下落。星雲乃與許先生商量：「出家人不打誑語，你明明在我這兒，我不能騙人家你不在，老躲電話也不是辦法，總要有個交代。」許因此同意由陸鏗及星雲代爲舉行記者會，會中宣布四原則：「第一、不尋求政治庇護；第二、不洩露國家機密；第三、不接受媒體訪問；第四、不接觸民運人士。」

佛門包容受難者

記者會開了，聲明也發表了，外界仍對星雲議論紛紛：既是跳出三界的出家人，怎可捲入政治；甚至懷疑他別有用心。事情過去數年，星雲對此並未後悔，因爲佛門慈悲爲懷，一向有包容受難者的傳統：「我沒把許先生當政治人物，只當一個需要幫助的人。」雖然星雲始終嚴守分際，不涉入政治，曾拒絕出借西來寺作爲旅美民運人士的集會地點，也婉拒在西來寺爲「六四」亡者超渡，但中共方面依然芥蒂在心，於次年開除許家屯黨籍的文件中說，許家屯叛黨出逃後，還公然跟反動勢力（台灣的星雲和尚和反動文人陸鏗等）混在一起，算是給星雲落實了罪名。中共禁止他再踏入大陸，弘法探親之旅時的優渥拉攏一夕煙消雲散。中國佛教界自此噤若寒蟬，部分人甚至趕緊畫清界限，以免牽連。

雖然凍結兩年後由江澤民下手諭取消禁令，星雲得以再度回鄉探視高堂母親，但一路受到嚴密「保護」（表面上名為「全陪」），可見中共對他仍存忌憚。

在中國問題上一向角色曖昧的香港，在許家屯事件上倒是對星雲表示了肯定與支持。事情發生後，某新聞傳播媒體舉辦新聞人物票選，星雲得票僅次於中共中央總書記江澤民，還在李登輝總統之上。

這幾年來許家屯在美國深居簡出，對星雲的關照十分感念：「我在美息影期間，大師始終尊重我的意思，不加干涉，在我日常生活、身體方面卻關懷備至。」回顧這個事件，雖然很多人肯定星雲的道德勇氣；但也有人並不贊同他蹚這趟渾水，造成與中共當局的嫌隙，也無法接續弘法探親時所造的聲勢，中斷了對復興中國佛教的影響力。

兩岸佛教實質交流

然而，到目前爲止，除了星雲仍沒有第二個出家人曾在中國受到如此重視，他的「台灣經驗」，也可供大陸發展佛教時借鏡，因此中共仍對他「有點關心，又有點冷淡」。星雲則明白，大陸表面上雖已開放，但宗教發展的空間並不大，佛教仍停留在林園或古物的階段，還談不上信仰；不過畢竟佛教已在中國人的文化中潛流了千餘年，俟因緣成熟，仍有機會大興，因此他現在要做的就是多撒些菩提種子。

在目前的「實質交流」下，《普門》雜誌、《覺世》旬刊仍按期免費寄送大陸（雖然明知可能收不到）；平均每月接到十幾封化緣信，也都依對方需要，一萬、五千人民幣的幫助僧侶、寺廟。他和潘孝銳先生共同提供大陸留美學生獎學金，每年二十人，每人三千美元。並且提供獎學金二百名給大陸佛學院的學生，一年一人六百元人民幣。他的著作如《每日一偈》、《星雲大師演講集》、《佛光小叢書》等，大陸到處都有翻印本。某些寺廟藏了《普門》雜誌，視若珍寶，不肯輕易示人。

現在正進行的是由星雲策畫、佛光山顧問吉廣輿主持編印的《佛教學術論文集》，分爲兩個主題——「中國佛教歷史上的問題」、「中國佛教的前途在哪裏？」向全大陸佛教學者邀稿，稿酬優渥，先在台灣出版，再回大陸流通，有助兩岸佛教學術的研究與交流。

為中國人善護未來因

展望未來，他認爲只要大陸經濟持續發展，政治情勢緩和，兩岸仍有極大交流的空間。「有良知的中國人都贊成中國統一，而這種統一非你統我或我統你，而是一種和平、平等的統一。統一之前必須先做到：一、在經濟上要互助；二、在文化上要交流；三、在宗教上要尊重；四、在政治上要民主。中國非少數人所有，而是十多億同胞的聚合。」

在兩岸前途問題上，有人將他歸於統派，「其實我不屬於任何派，只有一份台灣情、一顆中國心。」

以一個出家人，星雲堅守「政治的歸政治，宗教的歸宗教」的原則，但希望兩岸當局都能爲全中國人的前途「善護未來因」。

第五部

佛光普照

數十寒暑間，
他的僧鞋走過亞洲、美洲、歐洲、大洋洲、非洲……，
十方大眾不論何種膚色、何種語言，均受到佛法洗禮，
也奠定了佛教國際化的基礎。

右下：西來寺草創時期，星雲引導加州州務卿余江月桂女士（左二）等人參觀工地。

右上：在布里斯本聳立著巍巍中天寺，成爲近年來移民澳洲的中國人心靈安頓之所。

上：西來寺處於中西文化交流樞紐，海內外政要紛紛慕名一訪。圖中爲多米尼克總統塞紐瑞。

上：星雲佛教國際化的工作進行已久，民國五十二年訪菲律賓，由總統馬嘉柏皋(左五)親自接見。

左：樂於提攜青年法師，星雲會於慈濟醫院破土時親往致意，並以十萬元結緣襄助。

濟綜合醫院破

上：與天主教羅光主教對談，二位大宗教家表現出彼此肯定尊重的氣度。

左：應泰國法身寺之邀參加金佛澆鑄大典，大乘和尚在小乘佛國首度受到前所未有的隆重禮遇。

「只要心中歡喜，日日是好日，處處是好地。」
佛教不是迷信的宗教，星雲本身也絕不迷信。

第十六章

大法西行

伴隨台灣經濟蓬勃發展，四十多年前從中國大陸分傳來的一盞佛教孤燈，在強大經貿實力支撐下，突破海島邊緣，向外伸出觸角。從五十年代的東南亞地區；六十年代的日韓之旅，到七十年代、八十年代的歐美、大洋洲；九十年代的非洲，星雲也由青年、壯年、中年，一步一腳印走出中國佛教國際化的道路。

其中，美國西來寺是最具意義的里程碑。

西半球第一大寺

西來寺位於洛杉磯正東約二十英里，距「小台北」蒙特利公園市約二十分鐘車程。五月暮春，清風徐徐，美國西岸第一大埠的晨曦正向旅人親切問候，由國際機場上高速公路，不到一小時，坡度緩緩向上，在山路轉彎處，只見山脊骨上樹影婆娑，躍入眼簾一片輝煌，黃澄澄的牆，金閃閃的瓦；單調的山色，頓時亮麗豐潤了起來。約莫一分鐘後，抬頭即可見巍巍山門，鑲嵌著開山宗長星雲親手書寫的「佛光山西來寺」幾個大字。

這個道場在美國登記的名稱為「國際佛教促進會」（International Buddhist Progress Society），而中文名稱「西來寺」則彰顯出「佛法西來」之意。結合了傳統佛教精神與現代社會功能的西來寺，坐落於哈仙達崗（Hacienda

Heights），占地十五英畝，建築面積共十萬二千四百三十二平方公尺，由旅美名建築師楊祖明負責設計。西來寺於民國七十五年破土興建，七十七年十一月落成。在大雄寶殿舉行奠基儀式時，特將星雲親自從印度請回的五穀磚、恆河聖沙和佛光山的泥土，灌入混凝土中作爲基礎，以示法脈源遠，法水流長。

落成之時，當期《生活》（*Life*）雜誌刊出一張金碧輝煌中國式廟宇的照片，並譽之爲「西半球第一大寺」，還形容說這是「美國的紫禁城」。次年四月的英文版《讀者文摘》也有專文報導西來寺。

西來寺秉持佛光山宗風，主要希望發揮三種功能：一、爲美國提供精神文化的中心；二、爲西方人士成立一個學佛的道場；三、爲促進東西文化的交流。因此，走在西來寺各角落，可以看見黃、白、黑不同膚色的信徒、遊客；朝山會館住著從印度來掛單的喇嘛、從西班牙來參訪的比丘；英語、國語、台語、粵語在佛陀腳下交織迴盪……。

東方文化最佳展示窗

由於與台灣佛光山的淵源，近幾年國內政要名流，只要到了美國西岸，幾乎必訪西來寺，例如前行政院長郝柏村、立法委員康寧祥、蔣緯國將軍、總統府資政李煥、前高雄縣長余陳月瑛等都曾到訪。星雲有一次向前北美協調處張慶衍處長說：「不妨把西來寺當成協調處的招待所，請多利用。」在兩岸敏感的政治氛圍中，因爲西來寺位於「第三地」，也扮演了緩衝的角色，既接待過中共駐美大使朱啓楨，也關照過許家屯、吾爾開希等人；在台灣名列異議人士的彭明敏，亦曾是座上客。至於當地的市長、議員也以受邀至西來寺爲榮，華裔加州州務卿余江月桂女士曾讚歎：「我在加州這麼多年，怎麼沒有發現加州有如此好的地方！」

今日西來寺已是東方文化的最佳展示窗，也是佛教在西方發展的根據地，然而背後那一段披荊斬棘的開創歷程，卻鮮活反映了中國人在異鄉拓荒的奮鬥史。

早在近二十年前，星雲應邀參加美國開國二百週年慶典，雖是第一次踏上這片土地，他已敏銳的察覺到此地文化豐富多元、和平包容，加上移入美國的華裔新僑日益增多，海外遊子也需要一個精神寄託的中心。身爲中國人，他內心尚且有一份志氣——百年來西方天主教、基督教挾其船堅炮利，在中國四處傳教；如今我們是不是可以用和平的方式，把佛教弘揚於西方世界？

起心動念後，在熱心信徒催促下，派了大弟子慈莊和會英文的依航，帶著五萬美元（對當時的星雲，這已是很大一筆數目）赴美，看看能不能建寺院。慈莊法師來到美國，一問之下，加州地區起碼的房價都要七、八萬美元一幢，本想就此打道回府。星雲知道了，勸弟子稍安勿躁，接著親自飛到美國一起設法。皇天不負苦心人，他們終於發現一間教堂正在求售，弟子遲疑買基督教堂來蓋佛堂是否妥當時，師父卻當機立斷，認爲買下原本是宗教用途的房子，以後反而比較方便。當下付了二萬美元訂金、到銀行辦妥貸款，中國佛教在美國終於有了一個希望無窮的起始點。

經過幾個出家人自己動手修圍牆、畫佛像，第一次舉行共修就有人老遠開車跑來參加，第二、三次以後更是擠得水洩不通。因此在梅屋（Maywood）又建了白塔寺；不久，白塔寺再度不敷使用，促成再建更大道場的因緣。

哈崗居民強烈阻撓

星雲多年的信徒張姚宏影女士大力推動這個構想，率先捐出三十萬美元爲基金，加上其他捐款，支持師父買下哈崗一座山丘，開始向加州政府申請建寺。孰料哈崗爲一白人高級社區，原本是許多富裕老人退休養老之地，民風保守，對於建廟一事羣情譁然，強烈杯葛阻撓。他們反對的理由包括：擔心破壞自然景觀；誦經、鞭炮會發出噪音；和尚尼姑奇裝異服會帶壞青少年；中國人「都」吃狗肉，惟恐愛犬小命不保……。

後來經歷六次公聽會、一百餘次說明會，一方面完全依照哈仙達崗促進委員會的意見，在興建範圍、高度、顏色上一一修改；另方面承諾日後舉行公益慈善活動、捐款回饋社區，好不容易才完成法律程序。

可想而知，當地人民絕非單純針對法律問題，真正使他們反對的其實是因文化隔閡而產生的疑慮情緒。星雲設身處地，將心比心，即使他們教唆青少年來粗言辱罵或丟石頭破壞，都耐心相待。不但邀請促進委員會成員來視察工程、餐敘溝通，還親自率領僧俗弟子幫忙掃馬路，表示回饋社區的誠意。漸漸的，很多人疑心放下，大受感動，一位基督教牧師史密斯先生甚至在公聽會上幫西來寺請命：「我的太太是越南人，自越南淪陷，無家可歸之後，鎮日以淚洗面，我希望有一個地方讓她獲得心靈的安慰。」

佛教徒身心安頓之所

歷經十年曲折，當西來寺終於落成，世界各地政界及佛教界領袖都誠摯申賀。美國聯邦眾議員馬天尼茲（Mathew G. Martinez）說：「西來寺這個莊嚴道場，不但提供各種活動嘉惠信徒和鄰近社區，也將成為東西文化思想交流的橋梁。」美國佛教議會執行會長羅塔那沙拉法師（Dharma Vijaya Buddhist Vihara）則引以爲傲的指出：「（西來寺）將成爲促進和宣揚佛法的燈塔……佛法在西半球的殊榮。」

西來寺落成時還舉辦了第十六屆世界佛教徒友誼會，在此之前，這個會議從未在亞洲以外地區召開。這也象徵著佛教真正的「世界化」了。

這十多年來，一秉當年宏願，星雲把西來寺營造爲一個國際化、多功能的文化交流中心。在佛教活動方面，經常舉辦大悲懺法會、八關齋戒、彌陀繫念共修及佛學講座等。對在美的佛教徒而言，西來寺猶如精神的錨，也是身心安頓的力量。不論新舊移民，旅居異鄉，生活上、情感上、心理上的許多苦悶、挫折，都在西來寺法師的開導下一一化解。從社會學的角度看，這裏也是社交及尋找認同的場所。

每逢農曆新年，中國人（分別來自大陸、台灣、香港）、越南人、高棉人，不約而同開了兩、三小時車來禮佛參拜，高速公路都因而塞車。西來寺本身二百個停車位爆滿，商借附近學校停車場也不夠用，警察局還派了八位警察來幫忙指揮交通。當天一羣人將車停在很遠的地方，徒步上山，一位親睹此景的美國人幾乎不敢相信自己的眼睛：「就像一列首尾相啣的螞蟻，心無旁騖渴望回到自己的巢。」

在服務僑民方面，西來寺設有服務中心，包括免費往返機場的交通工具，提供免費食宿等。服務中心人員估計，平均每天跑機場一趟，多則五、六趟，而且是

「二十四小時服務」。免費食宿幫了不少新僑大忙，曾經有一位男士在朝山會館住了半年，直到找好工作才離開。

除此之外，還爲信徒辦了「西來文化技藝學校」，開設插花、素食烹飪、太極拳、古箏、中文、書法及婦女法座等課程，充實大眾的精神生活。爲了協助雙薪家庭解決托兒及照顧老人的煩惱，另附設安親班、課輔班及「無量壽學院」。每逢週末假期，全家一起來學才藝、交朋友，吃一頓爽口的素齋，是洛城附近許多家庭最大的享受。

西方人士近悅遠來

至於服務西方人士方面，不僅每星期日有英語佛學班，還舉辦英文佛學生活營，一般例行法會都有法師做英語即席翻譯。也定期安排社區鄰人來聚餐。平均每年舉行一次的甘露灌頂皈依三寶大典中，皈依的西方人士正逐漸增加，去年五月那一次，三百位皈依者中，即有五分之一是西方人。如今，一掃十年前的疑慮排斥，來訪的美籍人士十分踴躍，包括學校、教會、專業團體等，一年有二百多梯次，約一萬八千人。其中美國人占了四分之三，也有來自歐洲等地的，西來寺都安排專人以英語引導參觀。

去年，商借場地在此召開的大型會議共五次、小型會議共三十三次。

另外，在沙加緬度召開的加州州議會，還曾請了星雲去灑淨，以佛教儀式舉行開議典禮。

在美國第五十三電視台，每週一、四都以「佛光西來」爲題，做專輯系列報導。一些發心信徒更義務投入佛書中譯英的工作，以利佛法在英語人口中流傳。目前任職大學副校長的黃文興居士，就完成了英文「金剛經」及「心經」，並已出版。

據西來寺電腦資料顯示，目前中外弟子已達二萬人以上。

至於暫借寺中上課的西來大學，則提供更深入了解佛教及東方文化的機會。創校五年多的西來大學，走小而精緻路線，目前有數十位修佛學學士及宗教碩士的學生，教授卻有二十五位。上課採用英文，方便各國人共同研究。副校長慈惠法師說：「長春藤盟校，最年輕的也有一、兩百年歷史，一般大學總要五十年才能冒出一點『芽』，西來大學要走的路還很長，但一定會走得很穩、很好。」

預計花十年時間以摩托車環遊世界的法國女子班妮（Benedicte Storme），二年前至西來大學讀書。生於天主教家庭、半年前卻受了「五戒」的她，衷心道出佛教對她的影響：「過去的旅程中，我常懼怕不可知的未來，也曾二度涉險幾乎喪命，但自成爲佛教徒之後，我不再害怕，因爲我知道佛不在寺院中，而是在我自己的心裏。」

德國人吳特（Karl Uth）則利用公餘，把星雲師父的著作譯爲德文，已接洽了出版公司，準備在德國發行。打算提早退休之後奉獻佛教的他，家族在原德東地區有一塊依山傍水的土地，吳特發心將這塊地捐給師父，將於三年後建一座中國寺廟，做爲在德國弘法的新據點。

全球別分院近百

由星雲以身作則，十餘年來西來寺遵守諾言，沒有嘈雜的高分貝誦經；內外環境打理得清靜美觀；常年捐錢、捐書給附近學校；洛杉磯大地震時熱心賑災；現代化會議室免費借給教育、文化團體集會，甚至還主動招待茶水、點心……。如今哈崗居民反倒很高興擁有西來寺爲鄰，尤其在房地產方面受惠不少。近幾年全美房地產景氣普遍低迷，哈崗一帶卻仍十分穩健，許多華人更相信，房地產投資「只要跟著佛光山就沒錯。」

西來寺的一小步，佛教發展史上的一大步。以西來寺的經驗爲師，佛光山海外別分院發展如雨後春筍，至今幾乎已占一百個分別院的一半。亞洲地區十二個；美加地區有十三個；歐洲則在倫敦、柏林、巴黎、瑞士都有據點；澳洲設有中天寺、南天精舍等，紐西蘭也有講堂和禪淨中心；南美的巴西有如來寺、巴拉圭有禪淨中心；南非則正指派慧禮法師籌建南華寺，他是佛教歷史上的第一位「非洲和尚」。星雲去年九月還遠赴南非，親自爲十幾位黑人（其中含碩士、博士）剃度爲僧，收入門下。這是中國佛教分燈至非洲大地的畫時代創舉。

佛教國際化的工作並非一蹴可幾，星雲也不居功，他認爲這幾年走得還算順利，有幾個助因：一、自七十年代中期，台灣開放移民，且移出的人經濟、教育條件均不錯；二、香港人逃避一九九七，大量移民大英國協國家；三、中南半島難民湧入各地。這一波波以佛教爲母親之教的華裔子孫，在海外尤其需要心靈寄託，佛教才得以在他們支持下推展。

築夢踏實

面對未來，築夢踏實的星雲知道仍有漫漫長路要走。以美國爲例，佛教真正傳給非來自東方的美國人，始於一八九三年在芝加哥舉行的「世界宗教大會」（the Parliament of the World's Religions），至今不過剛百年；另外，德國第一個佛教團體「德國佛教傳道會」則於一九〇三年才在萊比錫誕生。反觀佛教自印度傳入中國，與中國思想文化激盪融合，足足歷經了四百年，才形成所謂「中國式的佛教」。因此若要佛教在各國生根，形成氣候，恐怕尚待數百年發展。在這過程中的當務之急，便是國際人才的培育。

基於這種體認，星雲遴選佛光山優秀弟子出國進修，做扎根的工作。其中依法法師一年內可以成爲耶魯大學第一位博士比丘尼。而即將取得天普大學宗教博士學位的慧開法師，六年來更體認出，在美國弘法（在其他地區也一樣），必須了解當地歷史、文化、風俗、習慣，觀機取譬，才能打動人心。因此他不但修習宗教與哲學、宗教與社會等課程，用心研究西方文化背景；也選修基督教、印度教課程，以知己知彼。

帶著師父的栽培苦心，慧開法師刻意避開華人聚居之地，住在郊區的白人社區，結交科班出身的基督教牧師，也常到附近學院去演講訪問。二年前，美國總統大選期間，只要有電視辯論他絕不放過，以便從中了解美國人最關心哪些問題：例如經濟、教育、家庭、槍枝、藥物等，並思考佛法可以給美國人何種幫助。

他在美國結識了一位小學老師席雪仁（Sharon Silver），她十幾年前去過佛光山，非常熱愛中華文化，每學期都邀慧開法師去她任教的班級，向美國小朋友介紹佛教義理。在每堂課結束前，還一同練習禪坐五分鐘。這些學生平常一分鐘也靜不下來，居然能五分鐘動都不動，令席老師非常驚喜。這些小朋友在佛法薰陶下，顯得彬彬有禮，每次上課時不但會起立、合掌、問訊，還會用中文說：「法師好！」「謝謝法師！」而這些禮儀在一般美國學校幾乎已蕩然無存了。去年那一班，學生甚至用中文齊唱「四海都有佛光人」來歡迎慧開法師，令他感動不已。

教義不變融合有益

今天在歐美，雖然「禪」、「靜坐」、「身心治療」等，讓美國人充滿好奇；然而比起日本學者鈴木大拙（他的著作已大量翻譯為英文）帶來的日本禪宗，以及藏傳、泰傳佛教的弘法，中國大乘佛教進入西方算是起步比較晚的。五百年後，西方佛教中到底是哪一種佛教的成分會多一點？受誰的影響多一點？

關於這個問題，諾貝爾和平獎得主達賴喇嘛在西來寺落成時的賀電中，語重心長的說：「近年來，西方對佛教的興趣日增，因而設立了許多佛教中心。我們需要了解，正如同西藏佛教融合了西藏文化，中國佛教也融合了中國文化，西方佛教終將融合西方文化。各國佛教融合當地文化，將使學佛者事半功倍，也使得佛教較容易被當地社會所接受。只要基本教義維持不變，這種融合是有益無害的，事實上，它還有助於佛教的正常發展。」

「在我們修持佛法的當下，也要學習尊重其他的信仰。對新佛教徒來說，這點尤其應銘記在心，我們要記住，個人的、內在的修行和發展，遠比外在的面貌重要。」

國際弘法三十年

也許很多人是最近才注意到佛教國際化的趨勢；其實，星雲這方面的工作早已進行有年。自民國四十六年，他以三十歲的年紀，即在《覺世》旬刊上撰文提出「世界傳道計畫」，建議訓練英語人才。之後二十寒暑，他的僧鞋走過泰國、印度、馬來西亞、新加坡、菲律賓、日本、香港，奠定佛教國際化的基礎。有一年在馬來西亞舉行皈依大典，信徒分成四路供養師父，隊伍走了三個小時才走完。另一次是在原本只能容納二千人的東姑講堂，湧入三千多人聽他講經，幾乎演出拆門事件。檳州首席部長許子根致詞時幽默的說：「今晚的場面，更加強了我要建一個萬人室內體育館的決心，這樣下次星雲大師來弘法時，才能使大家如願。」

而在以回教為國教的印尼，一向禁止佛教公開弘法，信徒因此發心茹素三個月，終於使印尼政府網開一面，讓星雲大師破天荒舉行了一場觀眾千餘人的演講。

去年，星雲在美國舊金山開「心經」講座，由慧輋法師英譯，美國聽眾神往會意，情不自禁的鼓掌。老報人陸鏗讚歎：「大師推動人間佛教，創立國際佛光會，辦國際性大活動，大家都很肯定您是社會運動者，反而忽略了您的博學，尤其是佛學成就，實在可惜。」

耕耘這麼多年，星雲佛教國際化的努力，不但團結了全球佛教徒，更爲國家做了成功的「宗教外交」，派駐在各地道場的徒眾有如「地下代表」。目前海外別分院的數量，比與中華民國有邦交的駐外使館數量還多，而語文人才也十分多樣化，據統計，英語流利的超過一百人；日文六十餘人；廣東話四十多人，尚有人能操德、法、西、葡、藏、泰及馬來語等，對於這一點，駐日代表蔣孝武生前曾感歎：「佛光山的外語人才，恐怕比我們外交部還齊全。」

而在號召僑界方面，佛光山的吸引力也很強。例如在巴黎的中國人，大都集中於十三區，經營餐館爲業，平常動員一、兩百人都不容易，可是星雲大師去主持皈依典禮那一次，竟有兩千多人來參加。難怪他不論走到哪裏，當地駐外人員都要殷勤相待。

東方菩提全球播種

兩千多年前，佛陀駐世說法四十餘年，將佛法傳遍「五印度」；如今能再承續佛陀精神，讓東方菩提在全球播種，真正做到「佛光普照三千界，法水長流五（六）大洲」，背後的靈魂人物正是星雲大師。

第十七章

全球連線佛光會

人與佛之差別何在？

「佛」在印度語中的原意即是「覺悟的人」。

二千五百多年前，釋迦牟尼佛在菩提樹下、金剛座上，夜觀明星而頓悟：大地眾生都有善根善性，只是被五欲三毒所蒙蔽；基於眾生皆有可能成為「未來佛」的信念，佛陀住世說法四十餘年，就是要喚醒沈睡的迷人。日後佛法向北傳至中國、日本、韓國；向南傳到錫蘭、泰國……，雨露普霑，救濟沈溺在苦海中的眾生。

二千五百年後，終其一生奉行佛陀教化，實踐「人間佛教」的星雲，進一步體悟出在今時今日，以少數出家人的力量，很難撐起興隆佛法的大旗，也難再創隋唐盛世，因此如何組織在家居士、結合社會信徒，擴大佛教的影響力，成為星雲辭卸佛光山住持之後下一階段人生的重要目標。

正知正見佛光人

早在七十年代初，他心中就已隱現「佛光人」的雛型，舉凡佛光山的出家眾、學生、老師、服務人員、信徒，以及所有和佛光山有緣的人，都可稱為佛光人。他之所以用「佛光人」一詞，並非為標新立異、開宗立派，而是希望樹立一些共識和原則，使佛教徒具有正知正見，提升佛教徒的素質。

時至八十年代，隨著台灣經濟發展、社會多元、教育普及，佛教界數十年來積聚涵養，弘法利生，在一隅海島上出現復興曙光，信徒水準也日漸提升，其中不乏碩士、博士、政府高級首長及企業領袖等，也都潛心向佛。

然而佛教學者鄭振煌指出，台灣佛教看似蓬勃發展，實際上形同散沙，因爲缺乏強有力的團體或領導人將信徒組織起來。這個看法與星雲的觀察不謀而合。他認爲寺院和出家人畢竟有限，社會大眾則有無限資源，要讓更多人享受到佛法的利益，必須藉由廣大信徒的參與、帶動。

經營近三十年，以佛光山各地道場爲軸心的「佛光人」愈聚愈多，除了定期法會、講經、唸佛，在佛法上精進切磋；更自然發展出社教、聯誼、互助等功能，在生活上緊密結合。也正是因緣具足，台灣社會在禁錮多年後，蔣總統經國先生逝世之前，推行了一連串民主開放的政策，包括解除戒嚴、准許人民組織民間社團，觸動千載難逢的大好時機。在星雲領導下，一個承續佛光山精神、宗風的佛教團體順勢誕生了。

僧俗二眾興隆佛教

民國八十年二月三日，「中華佛光協會」正式在台北國父紀念館成立。

從佛教歷史來看，這又是另一項創舉。

爲什麼要在這個時機成立佛光會？和佛教教運及社會又有什麼關係呢？星雲一向關懷社會發展的脈動，深感台灣在轉型期中社會失序、價值混亂、人心浮動，希望藉此一組織把佛教信徒整合起來，成爲一支一切如法的佛教勁旅，深入經藏，堅守五戒，以帶動社會清淨祥和。

他在成立大會上具體談到佛光會的宗旨。

「過去，佛教給人的感覺，好像只屬於出家人，與信徒不是很有關係，中華佛光會的成立，是希望從僧眾的佛教到信眾的佛教，佛教是大家的。過去，講到佛教，好像只是屬於寺院的，中華佛光協會的成立，是要讓佛教從寺院走入社會，甚至走入每個家庭。過去，佛教給人的感覺是靜態的、刻板的，我們希望透過中華佛光協會把佛教帶動起來。過去，佛教給人的感覺只是自修的，中華佛光協會的成立，是希望發揮佛教福利大眾的功能。」

「過去，大家以爲只有台灣才有很多信徒，現在藉由中華佛光協會的成立，將佛教由台灣傳揚於全世界。過去，佛教的在家信徒，不論信仰的深淺，永遠只是信徒，不能有所超越。而如果一旦出家了，不等明天，今天就是師父了。所以中華佛光協會的成立，是希望經由檢定，讓信徒也能像出家人一樣成爲佈教師，來從事淨化人心，改善風氣，對社會、國家有貢獻的事業。」

總結而言，即是：

一、從僧眾到信眾；

二、從寺廟到社會；

三、從自覺到利他；

四、從靜態到動態；

五、從弟子到教師；

六、從台灣到世界。

了解佛教的人應該知道，由一位出家人提倡這樣的宗旨，需要多大的胸襟與勇氣。因爲在佛門傳統中，一向僧爲尊、俗爲卑，佛光會成立後，信眾竟然能夠和僧眾一樣「荷擔如來家業」，這可以被解釋爲教權旁落、貶抑僧權。然而星雲不畏傳統壓力，也不掛礙尊卑，他認爲出家、在家一樣重要，應相互提攜，共同興隆佛教。

甫一成立發展迅速

由於佛光山本身扎實雄厚的基礎，中華佛光協會甫一成立，就有三千多位會員。全省各地分爲北、中、南、東區四個協會，區下再設分會。而除了依地域畫分，還有橫向的結合，例如台南有教師佛光分會；出入境管理局則組成「如來分會」；由金融財務界組成的名爲「寶光分會」。

中華佛光協會發展之快，令許多社團瞠乎其後。曾經在一天之內，星雲創下爲十五個分會同時授證成立的紀錄。佛光會會員分爲個人、團體、預備等數種，還有佛光人家及佛光之友。年會費由一千二百元到一萬元不等。參加佛光會除了可以研修佛學，還可以享受到就業輔導、廣交朋友、協助婚喪喜慶、解答人生疑難……等福利。走遍各地，只要看見那件綴著九瓣蓮花的鵝黃色制服背心，自我介紹是佛光會某分會會員，立刻一見如故，感受到家人般的親切溫馨。

「佛光會」在台灣熱烈開端，接著海外佛教徒也踴躍反應。短短一年後即已具有國際性社團的實力，於是擴展爲「國際佛光會」，民國八十一年五月十六日，國際佛光會總會成立大會在美國洛杉磯西來寺舉行。

彰顯佛教影響力

來自五大洲、三十個國家、五十一個地區的會員代表，四千多人齊聚一堂，打破了人種、教派之間的「柏林圍牆」，樹立佛教國際化、邁向二十一世紀的里程碑。開幕典禮中，多米尼克總統塞紐瑞，加州州務卿余江月桂、前社工會主任鍾榮吉、西藏噶瑪噶舉攝政王夏瑪仁波切等貴賓均蒞臨祝賀並致詞。洛杉磯蒙特利公園市市長姜國樑（Samuel K. Kiang）為紀念這次盛會，特定五月十六日為該市的「佛光日」。

國際佛光會的成立慶典，儼然是二千多年來佛教史上的大團結，來自中、日、韓、印度、西藏等國家地區，南北傳、顯密教、僧俗七眾的佛弟子，均濟濟一堂。佛教的影響力明白彰顯出來，佛教徒也與有榮焉。日本東京佛光協會會長西原佑一興奮的說：「我一天之中結交了四千多位同參道友。」

就在成立大會前不久，洛杉磯地區才發生由種族隔閡所引起的黑人暴動，震驚國際；洛城一時成為黑暗大地，外人止步。星雲決定在此時此地成立國際佛光會，世界各地佛教徒不分畛域、不論種族，在「歡喜與融合」的大會主題下，開誠布公、接納彼此。兩相對照之下，尤其凸顯出佛教教義中和平包容的彌足珍貴。

這個由中國人、中國佛教徒創始的世界性民間社團，在不到四年之內（至八十三年十一月止），已發展成全球有一個總會（中華總會，一個國家內多達四個協會以上可以成立總會）、七十九個協會（十個分會可組一個協會，一百位會員以上可以成立分會）、十七個籌備會。

四海均有佛光人

今天，綴著BLIA（Buddha's Light International Association）字樣的黃背心穿在白、黃、黑不同人種身上，見證四海均有佛光人。而象徵「豎窮三際、橫遍十方」的五色條紋會旗，更飄揚在六大洲的上空。包括北美洲的美國、加拿大；中南美洲的多米尼克、巴西、巴拉圭、阿根廷、哥斯大黎加；歐洲的法國巴黎、英國倫敦、瑞士蘇黎世、德國柏林、俄國聖彼得堡、荷蘭；非洲的南非；大洋洲的紐西蘭、澳洲；亞洲的台灣、日本、香港、澳門、馬來西亞、菲律賓、印尼、泰國、印度、新加坡、斯里蘭卡、錫金等共五十一個國家及地區。

許多人看到佛光會驚人的發展，常不禁問：爲什麼它有如此強大的爆發力及吸引力？自喻以開會爲職業的立法委員潘維剛爲佛光會中華總會理事，她親口見證，以往參加過多少劍拔弩張、爭權奪利的會議，惟有在佛光會開會時，大家一片誠意，融合無私，令人心生歡喜。洛杉磯佛光協會副會長，也是二十多年前台灣「張老師」專線創辦人之一的張迺彬，則代表旅美同胞說：「佛光會撫平了我們異鄉失根之苦，開發了我們內心無盡寶藏，也把全球中國人的心結合了起來。」

被公認爲最佳組織者，星雲在佛光會的發展策略上採用了由上至下、從下到上兩種途徑。前者是先邀請當地背景特殊、具影響力的人擔任會長，以其社會地位及號召力來吸引會員，例如某一僑領或議員成爲會長之後，往往可以集結到數百名僑民或當地居民。後者則是針對零散個人，特別設計定期、不定期的活動凝聚他們的向心力。例如在德國的中國人（廣義的包括大陸人、台灣人、越、緬、寮、港人等）多半以經營餐館業爲生，平時各忙生計，鮮少往來，柏林禪淨中心的負責人滿徹法師就設計出「餐館時間」，每星期二子夜十二時至二時舉行，讓他們在洗去一身油煙、揮去人聲吵雜之後，能聚在一起談心說話，或參佛法，或交換人生體悟。本屆柏林佛光協會會長丁政國即爲餐館業者，也由這項活動中受益匪淺。而巴黎十三區的僑民則是在星雲大師親臨主持下，兩千人一起皈依佛門，也幾乎同時加入佛光會。

共霑法雨滋潤

目前，佛光會會員直逼百萬，而且每個月都在增加中，雖然基本上以中國人爲主，但愈來愈多其他人種、國家的佛教徒深入參與。以美國洛杉磯協會爲例，三位副會長中即有一位是美國人。韋伯（Fred Webb）先生兩年來積極貢獻會務，對佛法信心堅強。協會之下的西來分會則由三十餘位美籍人士組成，每星期五在分會長戴非（Al Duffy）家中共修，星期日並一起到西來寺上英文佛學班。蘇格蘭裔的戴非先生已受了五戒，並以身爲佛教徒爲榮，他經常到西來寺當義工，不論遇見識與不識的人，都會親切低頭合十，略帶美國腔的親切招呼：「您好，阿彌陀佛！」他曾參訪過佛光山，留下美好印象，未來願意更積極參與佛光會，並計畫兩年以後搬到西來寺去住，以他從事行銷工作三十年的經驗，幫助西來寺把佛法弘揚到美國同胞的生活中。

佛光會不僅是一個宗教社團，更扮演著文化橋梁的角色，是台灣通向世界的另一扇門。第二屆國際佛光會大會在台北林口體育館舉行時，有來自世界各地共三萬多名代表參加，李登輝總統蒞臨致詞。會後並安排代表參觀旅行，讓國際人士親身感受台灣的自由繁榮，又爲國家做了一次成功的國際傳播。

未來，星雲期待國際佛光會能成立一百個以上的國家總會，使佛光普照全球，所有人類都能共沾佛法雨露的滋潤。

同體與共生

然而，這個欣欣向榮的團體，絕非「大中國主義」或「黃種人中心」；相反的，它具有豐厚的國際性格，第二居大會主題「同體與共生」即體現了這種精神。「同體與共生」源出佛門「無緣大慈、同體大悲」，星雲進一步闡明：「四十年前我來到台灣，乃至我在台灣住了四十年以上，人家仍說我是外省和尚。四十年後我回大陸，又說我是台灣來的星雲大師。後來我到美國、歐洲、澳洲，我發現自己的鼻子沒有高起來，眼睛更沒有變藍，他們也不承認我是美國人或澳洲人。忍不住捫心自問，我究竟是哪裏人呢？仔細想一想，今日國與國間有戰亂，種族與種族間有歧視，都是因爲計較、嫌棄，所以只要地球沒有摒棄我，我願意作個地球人。不只是佛教徒幫佛教徒，中國人幫中國人，而是視男女老少爲一體，視貧富貴賤爲一體，視不同文化人種爲一體，共同在這個地球上生存。」

「同體共生」的理念，爲這個動盪大時代中流離飄泊的人，找到安身立命的歸宿。當星雲親赴法國爲巴黎佛光協會成立授證時，第三分會會長江基明激動不能自己：「我是華裔高棉人，高棉淪共後，由柬甫寨逃到法國，中國人不承認我是中國人；回到高棉，高棉也不承認我是高棉人；流浪到法國，法國也不承認我是法國人。我曾爲此痛苦徬徨。直到聽了星雲大師的一番話，才突然想通了，知道我其實不必難過，從今天開始，要作一個心胸開闊、慈悲喜捨的地球人。」

共結美麗的緣分

出於包容與無私，在星雲領導下，國際佛光會的觸角無遠弗居，連地球極北的莫斯科，以及平均高度在一萬五千英尺的孤寂山城印度拉達克，都有佛光會會旗飄揚。拉達克佛教會會長僧伽桑那法師談起參加佛光會的感受：「我作（拉達克）佛教會會長已有八年，我的名字、力量及所有的一切，都不能踏出拉達克一步，但我現在作國際佛光會拉達克協會副會長，即刻可以和世界的佛教徒來往了。」佛光會不但是許多佛教徒精神上的歸宿，多采多姿的讀書會、座談會、講座、文化之旅、禪坐、參訪……，也打開了他們生命之窗。服務於經濟部的馮德榮，才由太太郭麗芬手中接下寶光分會會長職務，談起佛光會，他難掩興奮之情：「雖然人在台北，但能和全球連線，與世界同步，交到各國的朋友，視野及生活空間都擴大了！」

這些年下來，佛光會更以實際行動，發揮無分遠近、眾生一家的胸懷，包括賑救美國中西部水災、洛杉磯火災等。兩年前的冬天，美國洛杉磯協會曾捐出三百份日常用品，給洛城中南區第一美以美教會收容所數百名無家可歸的流浪人。當這些蜷縮畏瑟、滿臉塵土的白種人，從中國佛教徒手中接過溫暖幫助，「一腳跨過了種族與宗教的鴻溝，生活中的愛成爲美麗的緣分。」美以美教會摩瑞牧師由衷道出感謝。

強大願力支持佛光會

對星雲個人而言，卸下佛光山行政之職，卻因緣際會站上另一座更廣闊的舞台，正所謂「捨得，捨得，要捨才能得」。

近年來，他風塵僕僕行腳各地，一個接一個佛光會在他鼓勵下成長茁壯。然而人前風光，背後辛苦知多少。一趟海外之行，除了適應不同風土人情，往往由於行程緊湊，汗濕衣襟，卻來不及更換，只得任著衣服濕了又乾、乾了又濕，身體的溫度也隨著室內室外的冷氣熱流，忽冷忽熱。甚至有一趟從紐約到巴西聖保羅，預計飛行十一小時，結果飛機故障，折騰了二十六小時才到。另外，去印度拉達克那一次的辛苦也是常人難以想像。拉達克夏季高溫至攝氏三十七度，冬季降至零下四十度，年雨量只有九十二公釐。一到那裏，幾乎所有團員都患高山病躺下了。不過別人可以稍做養息，只有他必須強忍著頭痛、臉腫、呼吸困難，撐起病體接見訪客、主持儀式。

不過，就是出於這強大願力，成立才三年多的中華佛光會在他領導下連續兩年由全國一千八百五十個社團中脫穎而出，榮獲優良社團獎，其中八十三年還是第一名。目前它已是世界第四大國際民間社團（其餘三個分別為扶輪社、獅子會及同濟會），並正式申請參加聯合國，成爲非政治團體會員。當今朝野欲重返聯合國不得其門而入，佛光會卻即將成功迂迴的突破外交困境。

車的兩輪，鳥之雙翼

眼見佛光會氣勢如虹，令人不禁想到佛教界老大哥——中國佛教會，相形之下，「中佛會」十分沈寂冷清，幾乎叫人忘了它的存在。部分人士猜測，星雲是在受中佛會壓抑多年之後，刻意自立門戶，以佛光會與中佛會一較長短，以舒吐心中塊壘。聽到這種說法，星雲未置可否，只說：「佛光會的成立與中佛會並不衝突，猶如有了一條高速公路，再加上捷運系統，只有好處沒有壞處。」

事實上，佛光會的性質也的確與中佛會不同，後者以出家人爲主，前者以在家信徒爲主。成立三年多的佛光會，會員包括教授、律師、會計師、藝文界人士等社會精英，無論就教育程度或視野見解，均較傳統佛教徒提升許多。而星雲也真的放手讓在家信徒去主導，出家人只從旁扮演協助及輔導的角色。

在星雲人間佛教的觀念引導下，以出家眾主持的寺廟道場爲經；在家眾參與的佛光會則爲緯，緊密交錯，鋪展開佛教國際化、生活化的版圖。換句話說，出家眾是水泥，在家眾爲砂石，建築出佛教發展可大可久的基礎。在星雲心中，則冀望二者如車的兩輪、鳥之雙翼，相輔相成。

一百年前，大英帝國在殖民政策下，航艦縱橫四海，以武力構築了「日不落國」——凡有太陽升起的地方，就有英國國旗升起。一百年後，中國的一位比丘，效法四大菩薩悲智願行，透過國際佛光會，以和平及包容，把佛法的種子播向全世界，締造了另一個「日不落」——凡有太陽升起的地方，就有佛光普照、法水長流。

第十八章

心包太虛大格局

回顧人類文明發展史，不難發現宗教其實也是一個生命體，隨著文化環境、社會條件逐漸演化，不同時代產生不同形貌。歷史上，天主教有新、舊教之分；基督教甚至爆發過流血的宗教戰爭，才分衍出不同教會系統。而不同宗教之間的鬥爭、討伐也曾在歷史上烙下慘烈的痕跡。似乎宗教幾千年來並未真正醫治人類偏狹、自私的劣根性，人類也未曾因信仰學會兼愛包容。

修行有多門

佛教亦為一古老的宗教，它的發展又如何呢？

二千五百年前，釋迦牟尼佛最初為了適應眾生不同的根器，觀機而說了種種修行法門；佛涅槃後，結集經典的弟子根據自己的體悟各有不同詮釋；接下來歷代大德又依各人研究興趣、接觸到的素材，而對佛陀教化產生不同看法，演變出各宗各派。

隨著高僧行腳的足跡，佛法分別向南傳至柬埔寨、緬甸、泰國、錫蘭，成為所謂的「小乘佛教」；向北傳至中國、日本、韓國、越南，相對而言稱「大乘佛教」。其中各國又融入歷史文化、社會背景，產生更細的支派，例如日本佛教後來發展出五十多個教派。

至於在中國這方面，自東漢明帝時傳入之後，與儒、道文化摻揉激盪，產生了八個主要宗派，各有各的修行方法及著重特點，可以用四句話來歸納說明：

密富禪貧方便淨，唯識耐煩嘉祥空；
傳統華嚴修身律，義理組織天台宗。

意即這八宗之中，天台宗重視義理組織；華嚴、唯識、嘉祥重鑽研經義，比較重視實踐的爲律宗、禪宗、密宗及淨土宗。其中密宗由於普遍盛行於西藏一帶，又有人稱爲「藏傳佛教」，修密宗需要金剛上師指導並提供豐厚供養，故相對而言，富人較能負擔。而禪宗強調芒鞋破鉢，崇尚清貧無欲才能悟道。淨土宗的唸佛法門則是不分智愚、無論男女、不擇地點皆可一心唸佛往生淨土，故曰「方便」。

與其他宗教不同的是，佛教史上並沒有互相爭伐兼併的紀錄，宗派乃是順性自然衍化而成。在中國，八宗同時興盛於隋唐盛世，爲中國文化注入新養分，造就了燦爛多元的文明，而且彼此間並不傾軋排斥。其後雖因朝廷好惡，發生過「三武一宗」法難，但佛教與其他宗教、教內各宗派之間始終兼容並蓄，互相尊重。

一師一道不起分別心

到了近代，大乘八宗有的更興盛光大，有的卻已衰微；在南、北、藏傳之間，也因地理、文化因素的差異而漸行漸遠，產生隔閡，削弱了佛教發展的整體力量。近代有遠見的宗教領袖雖曾呼籲八宗兼弘、顯密融合、禪淨雙修，但實行起來卻不容易，直到在星雲身上，這種主張才出現了落實的曙光。

溯自三十多年前，他即相信，在共以釋尊爲教主的大前提下，各宗派一師一道，應情同手足，互相照顧，不起分別心，團結合作，才能發揮佛教的影響力，並指出這是今日佛教發榮壯大的重要關鍵。

這十年來，他更一步一步做出成果，使佛教界再現融合契機。其中一大盛事即是星雲與西藏政教領袖達賴喇嘛惺惺相惜的友誼。

過去，由於政治環境隔閡，文化背景殊異，西藏人士對台灣始終謹慎的保持距離，流亡在外多年的達賴喇嘛一直也未踏上台灣一步，和台灣佛教界鮮少往來。星雲的西來寺建成之後，不但佛教在西方有了新據點，也成爲方便藏教僧侶、信徒接觸、了解台灣佛教的一把鑰匙。在雙方誠意打開門戶之後，民國七十八年七月，達賴喇嘛破天荒的率領三十幾名隨從，蒞臨西來寺，親訪星雲大師。

當天，兩位佛教界領袖交換意見逾三小時，達賴並即席發表演說。第二天正逢達賴五十五歲華誕，星雲應邀爲慶典上的貴賓，來自世界各地的祝壽賓客達千人以上，達賴獨殷殷敬邀星雲與他同坐，並肩用餐，二人娓娓而談，在場衆人未見過這種場面，訝異欽羨，傳爲佳話。

兩位當代高僧相見恨晚，短短五天之內先後會了四次面，爲日後顯密交流訂出具體計畫，包括西來大學提供奬學金給西藏僧侶；佛光山叢林學院與印度、西藏各學院，互相派遣留學生，學習彼此的語言與宗教。如今在印度達藍沙拉留學的佛光山依華法師就是這項計畫的受益者。

顯密融合傳佳話

其實，他們二人見面絕非偶然，佛門講究因果，經由過去多年的努力，星雲早已爲顯密攜手種下了善因。

民國七十四年，在星雲發起下，成立中華漢藏協會，隨即在中華體育館舉行「漢藏護國顯密大法會」，有漢藏二衆一萬多人參加，這一佛教史上的創舉，爲顯密合作奠下穩固基石。

再接再厲，第二年，在星雲籌備支持下，一項規模空前盛大的世界顯密佛學會議，假佛光山舉行，主題爲「顯密融合與世界文化發展」。這次會議有十九個國家與地區，三百多人參加，包括由尼泊爾、印度來的喇嘛及學者，分別代表四大教派。

舉辦這首次世界性的顯密佛學會議，星雲道出他的用意：「佛教流傳至今，已不是某一地區的佛教，也不是某一教派的佛教。佛教的發展，應強調融合貫通，包括大小乘之間、南北傳之間、僧俗之間、四眾之間、傳統與現代之間，當然顯密的融合貫通更是迫切。」

與會的西藏薩迦派主教則以感慨的語調說：「佛教對西藏來說特別重要，可惜已被共產主義破壞，很高興看到能在台灣復興。」

一連串活動，不但觸動了星雲和達賴喇嘛見面相惜的機緣，其後幾年，密教僧侶也紛紛至西來寺受戒，到佛光山參學；不少上師、仁波切來台傳法，更落實了星雲顯密融合的理想。

大乘小乘聚一堂

除了顯密之間，在結合大小乘佛教方面，星雲也很肯下工夫。他認爲佛門不同派別的教理，就好比不同顏色的花朵，若集合起來，就是一團非常漂亮的花束。

「總之，佛陀只有一個！」從他所著的《海天遊蹤》一書中可以發現，民國五十年左右，他已訪問過泰國，覲見泰王及僧皇，後來泰國佛教訪問團，包括副僧皇頌緣柏提拉然目尼等人，也數度訪問佛光山。由於與小乘佛教的接觸，星雲知道他們不傳比丘尼戒，不承認出家女眾在佛門的地位，亦曾建議恢復中斷的比丘尼僧團。

七十七年在西來寺舉行為期一月的三壇大戒，有不少小乘佛教徒破天荒第一次到大乘寺院受戒。所謂受戒是佛門弟子接受戒法的約束，受戒之後才成為真正的出家人。那次傳戒為打破佛教千餘年來南北傳的畛域之見，所請的傳戒高僧包括遍布南北傳佛教界的大和尚。受戒的二百多位戒子中，有來自南傳上座部系的，以及西藏系的密宗喇嘛徒眾。他（她）們有的是僧臘（出家年數）甚高再求復戒的；也有獲得碩士、博士學位的高級知識分子。

講戒時採用三種語言：華語、台語及英語。傳戒不分男女，也不分教派，其規模之大，人數之眾，國籍之多，教派之廣，誠然為佛教史上僅見。

一個月戒期圓滿，戒子各歸來處，但已對不同教派的傳統、觀念、儀式、戒律、理論都做了一次大溝通，使佛教更具包涵性和世界性。而星雲四海一家的恢弘氣度，也受到各地佛教徒衷心感念。

去年春天，他應兄弟寺泰國法身寺之邀，參加金佛鑄澆大典，抵達時鮮花鋪地，十萬人夾道歡迎，是大乘和尚在小乘佛國從未受過的隆重禮遇。至於西來寺的前身洛杉磯白塔寺，目前已交由法身寺，作為泰國佛教在美弘法的基地。

此外，日本奈良大東寺、日本佛教親善團及日蓮宗、曹洞宗也和佛光山往來密切。韓國通度寺（佛光山兄弟寺）頂宇法師還是國際佛光會世界總會亞洲聯誼會主任委員。

提倡禪淨雙修

既能顯密融合、大小乘包容，星雲致力於八宗的合作自不在話下。雖然有人批評台灣「山頭林立」，他卻寧願朝正面的方向引申，星雲認為山頭多表示佛教興隆，足以適應各方不同的需要，好比四大名山，有了五台，難道就容不下九華、普陀？所有佛弟子均是釋迦宗傳人，不應存門戶之見。

雖然目前在台灣，實際上是以禪宗、淨土宗較為盛行，本身為禪門臨濟宗第四十八代傳人的星雲卻不囿一格，早在民國四十三年，即於宜蘭成立唸佛會，推動唸佛往生西方極樂世界的淨土法門，首開唸佛共修風氣之先；此外，近幾年社會各界熱中禪坐，也多少拜他之賜。一向，高雄佛光山派下各道場就有禪修活動，佛光山寺甫落成的禪淨法堂，可說是目前台灣最大、設備最好、規矩最嚴的禪修中心；而位於松山火車站旁的台北道場，更爲終年忙碌的都市人就近提供了靜坐修行的場所。

尊重大德提攜後進

對於台灣眾多法師大德，星雲不存分別心，真誠以禮相待。曾陸續禮聘上佛光山任教或講座的包括：淨空法師爲叢林大學學生講解「唯識學概論」；了中法師講授解深密經；東初長老講解叢林制度；南懷瑾老師指導禪七；印順導師開示佛法等。

而《普門》雜誌雖屬於佛光山，每月的報導範圍卻及於全台各道場，成爲佛教界的重要訊息中心。

至於對年輕一代的法師，星雲也十分提攜，七十八年成立的中國佛教青年會，即是由他大力催生。當年證嚴法師的靜思精舍籌建，他曾以十萬元結緣襄助。至今每次到花蓮演講，開場白經常是：「花蓮是個好地方，有美麗風光、清新空氣，最主要的是有個慈濟功德會……。」

他常期勉現代僧青年不要承襲上一代老死不相往來的陋習，應在一起研修溝通，儘管宗風不同，但興隆佛教的目標是一致的。不少青年法師受他開闊胸襟感召，歷年來，星雲到各地演講，他們常率領自己的信徒，乘遊覽車一起來熱烈參與，共襄盛舉。

宗教間和諧之美

何謂「心包太虛、量周沙界」？星雲不僅致力佛教本身的融合，也與其他宗教廣結善緣。他曾妙喻，人類追求真善美的渴望均一樣，只是方法不同，好比我們可以騎腳踏車到達目的地，也可以乘汽車、火車、飛機、輪船到目的地，不同宗教信仰其實殊途同歸。

早自佛光山初創，來自世界各國道明會的神父、修女八十多人，即上過山請教佛法；兩年前梵帝岡的一位主教也來觀摩參訪。星雲本人和天主教羅光總主教則做過一場精采對話，就宗教、哲學、生活、信仰等議題廣泛交換意見。他們都認爲宗教團體間應彼此包容，同中有異、異中求同。二位慈悲智慧的長者，表現出大宗教家關懷時代、淨化人心的氣度，彼此尊重肯定，寫下一段佳話。

之後，星雲又應邀至輔仁大學演講「禪的妙用」，羅光主教更親自致歡迎詞。

身爲宗教家，面對近幾年來社會亂象，不僅憂慮，也願共盡一份心力，星雲曾在《遠見》雜誌安排下，與基督教周聯華牧師、天主教羅光神父、道教協會副秘書長張樫齊聚一堂，交換意見，主題是如何重建價值觀，以濟社會崩頹。

去年二月，佛光山台北道場落成，接連四十九天舉辦一系列「生命的活水」演講，光啓社副社長丁松筠神父、信仰伊斯蘭教的石永貴先生都欣然應邀主講，再一次顯現了宗教間和諧之美。

另外在前社工會主任鍾榮吉召集下，星雲曾作東與全國宗教界人士「素齋談禪」，賓客分別來自回教、理教、軒轅教、天帝教、一貫教、天主教、基督教、天理教、天道總教等，也創下國內宗教領袖大會師的新紀錄。

慈愛包容，如同天雨曼陀羅，眾生同霑。星雲發現許多社會公益團體募款不易，去年特地拿出寫作的稿費、版稅共新台幣三百萬元，分別捐贈給台北市婦女救援基金會、陽光基金會、心路文教基金會、基督教晨曦會、誼光義工組織及善牧修女會等六個社團，並誠懇的說：「布施，不是光叫社會人士布施給佛教，我們佛教也要布施呀！」

包容民間信仰

固然尊重正統的宗教，對於帶有神祕色彩的民俗信仰，星雲的態度又是如何呢？「正信比迷信好，迷信比不信好，不信又比邪信好。」他指出，信仰如同爲學，雖有深淺層次不同，但一切信仰只要是勸人爲善，都不可磨滅其價值。「我記得童年時在家鄉江蘇揚州，幾十里路見不到一個警察，幾百里路沒有一個法院。人民之間有了糾紛，如何解決呢？通常當事人相偕到土地廟、城隍廟拜一拜，誰是誰非就一筆勾銷。這是因爲老百姓相信善惡到頭終有報，也願意在神明面前接受裁決。」

基本上，星雲絕不仗恃「正統」，自命清高；相反的，對於媽祖、土地、城隍等民間宗教都抱持尊重包容的立場，也肯定他們端正人心的作用。不過，對於那些濫設神壇，騙財騙色、煽惑人心的神棍則不在包容之列，因爲他們已屬於星雲所說「邪信」的範圍了。

佛教不是迷信的宗教，他本身也絕不迷信。有人認爲他道行高深，常請教些命相、風水、地理之類的問題，也好奇的問他是否練就「神通」或「特異功能」？其實星雲最不好談論此道。《佛遺教經》曾指示佛教徒：「不得占相吉凶，仰觀星宿。」因爲這些都不符合因緣正命法則。因此，他最常說的一句話是：「只要心中歡喜，日日是好日，處處是好地。」

有遠見的時代先行者

泰山不辭土壤，大海能納百川。回溯人類歷史，似乎擺脫不了人與天爭，人與人爭的宿命；二十世紀兩次世界大戰也未喚醒人類的善性本心。九十年代末期，世界許多角落仍傳出殺戮、毀滅的哭號。此時，正需要有遠見、有恢弘氣度的思想領袖，帶領眾人走出這片陰影。星雲以半生歲月，團結佛教各派，並融合其他宗教與社會資源，樹立了多元包容的典範，不愧是大格局的時代先行者，也為人類的和平共存帶來光明契機。

第六部

乘願再來

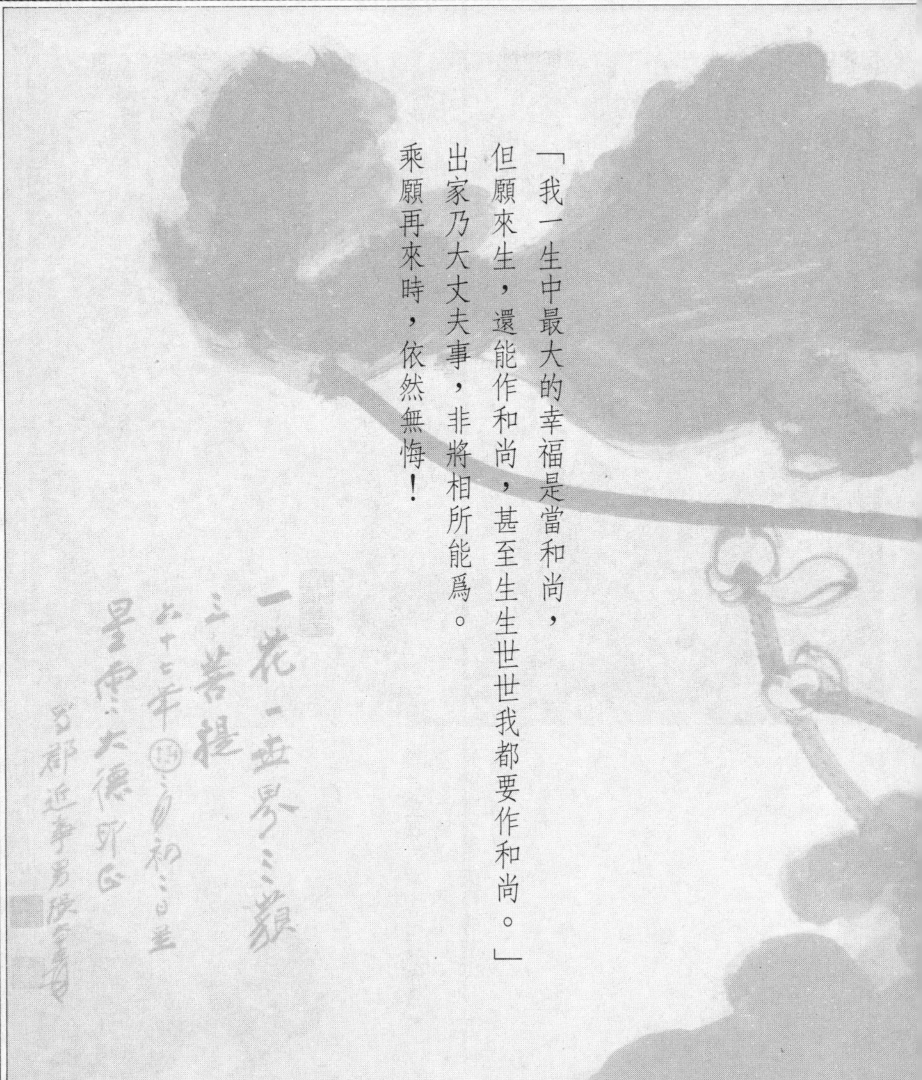

「我一生中最大的幸福是當和尚，
但願來生，還能作和尚，甚至生生世世我都要作和尚。」
出家乃大丈夫事，非將相所能爲。
乘願再來時，依然無悔！

雖然全球度衆、日理萬機，
星雲其實是一個和藹、
親切，又不失童心的人。
（廖慧美提供）

專心一意讀書寫作、
歡暢淋漓奔馳球場，
舉重若輕、隨緣自在七十載。
（上：黃明偉攝，下：陳志銘攝）

星雲掌握「非佛不作」的原則，又與時代脈動緊密結合。

會獲頒教育部社會教育獎；
正在興建中的佛光大學更是
凝聚社會大眾的力量而成。

在弟子心目中，星雲亦師亦父；對信徒而言，他是慈悲的大家長（六十歲生日時，在佛光山與僧信二眾共同舉辦「報恩慶生大法會」）；連小動物也樂意和他親近。
（上：符芝瑛攝）

「但願來生，還能再作和尚……。」星雲大師，乘願再來時，依然無悔。（鄭耀基攝）

第十九章

大丈夫，赤子心

曾有人問星雲大師：「世間人生實相是什麼？」他這樣回答：「人生，一半是佛的世界，一半是魔的世界。一半是前進的人生，一半是後退的人生。」走過七十年寒暑，他自己的人生就是因爲掌握了這「一半一半」的原則，才能「隨心自在，隨遇而安，隨喜而做，隨緣生活」。

法情俗情濃纖合度

雖然身爲一位跳出五行中、身在三界外的出家人，但由於仍在紅塵行腳，外界對他彷佛熟悉，又覺得帶有幾分神祕，尤其對他個人日常生活、情感世界等方面十分好奇。綜觀年輕到現在，星雲此生在感情一事上，對於法情與俗情始終能拿捏穩妥，濃纖合度。

無可厚非，當年剛出家時，十幾歲青青子衿，總不免孺慕母親，牽掛手足，思念故鄉，但既已出家，僧團有嚴格紀律，師父對惟一的弟子期望又高，不輕易讓他回家，這使他首次體會到應如何以宗教情懷來昇華個人情愫。之後神州變色，離開大陸前，時間迫促，他沒有回鄉辭親告別，反而選擇了上棲霞山向師父秉明赴台灣弘法的決心，以致家人四十多年完全不知他天涯飄泊，落跡何處。

來台之後，一方面以安僧辦道、爲法捨命的理想來驅走個人情感上的懸念；一方面夜深人靜，仍不免遙想遠在故里的高齡老母以及同胞手足。幾年前輾轉聯繫上家人之後，如同許多自覺虧欠了親人四十年的遊子，他對兄弟、親戚百餘人儘量接濟照顧；對年逾九十的高堂老母更是百般曲意承歡。有一年，接母親來佛光山小住，母親不敢置信的指著山上千餘大眾問：「他們都是你管的嗎？」「是啊！但只有我給你管！」近兩年來，他在母親壽誕時總是想辦法抽時間回家祝賀盡孝。在南京雨花精舍，平日莊嚴威儀的大和尚，不過是個平凡人家的兒子，體貼的為母親吹涼熱粥，側坐牀沿陪她絮絮回憶往事。那位講經弘法、千人爭聆的國際高僧，在生身母親面前，卻只能當個最忠實的聽眾。

樹欲靜而風不止，子欲養而親不在。雖然他仍有機會孝養母親，但對師父志開上人卻抱著一份深深的遺憾。年輕時不了解師父為什麼對自己那麼嚴格，及至年長，才一點一滴體會出師恩的愛深責切，怎奈志開上人已於文化大革命期間受迫害往生。五年前星雲回棲霞寺祭拜師父碑塔時忍不住悲從中來，哽咽失聲。幾年來，只要有機會回大陸，都不忘至師父故鄉掃墓誦經。

受人滴水，報以湧泉

對血濃於水、法脈相承的母親、師父報恩追懷固是理所當然；星雲對於一生中曾幫助過他、扶持過他的人，也都銘記於心，受人滴水，報以湧泉。

民國三十六年，他畢業於焦山佛學院之後，曾在白塔國民小學擔任校長一職，當時正處亂世，土匪、八路軍、游擊隊經常在附近出沒，殺人掠奪的場面，可說無日無之。在一片風聲鶴唳中，身爲校長的星雲只能領著幾位老師藏身偏僻處，暫避鋒頭。那時有一位學校裏的工友，每天冒死送飯給他們裹腹，這份患難真情，數十年來他未曾或忘。五年前星雲第一次回大陸，立刻託人打聽那位工友的下落。打聽到了，雖然是傾盆大雨，他仍親自去探訪那位工友的兒子，致贈一筆家用費，並親切的閒話家常。事後爲師的他向弟子表白心跡：「那位工友現在雖然去世了，可是兒子還在，我心裏感激他，就要好好照顧他的子孫。」

另一位讓星雲終身感念的長輩是孫立人將軍夫人孫張清揚女士。回憶前塵，從他孑然一身來台，到開山弘法，本身是虔誠佛教徒的孫夫人始終護持不遺餘力，視他親如子侄。孫夫人臥病期間，星雲在海外佈教仍趕回探視，並交代弟子妥爲照顧。老夫人往生後，所有事宜也都由他依遺囑親手料理。作家張佛千說：「星雲大師爲孫立人將軍夫人孫張清揚居士主持的葬禮，是我見過各種葬禮儀式中最莊嚴隆重的一種。」

即使有些在大陸上僅短期教過他的老師，如圓湛、雪煩、合塵、惠莊等法師，星雲都曾邀他們到美國，聊盡心意。一年前聽說有一位教過他國文的聖璞法師臥病，又三番二次託人帶錢到上海幫老師治病。

雖然傳統上認爲出家人必定四大皆空，槁木灰死，但在星雲大師身上仍可發現一顆溫熱柔軟之心，在該用情用心之時，更勝於世間眾生。

流言蜚語捕風捉影

說起他個人內心的感情天地，很多人都想一窺究竟。有機會認識年輕的星雲，或是看過他當年相片的人，幾乎都有共同的感覺——好一位俊朗出眾的比丘。身高一八〇公分、英挺偉岸、雙眼炯炯、氣勢軒昂，加上能講能寫，令人一見印象深刻。具備這樣的條件，人生道上曾否遭遇什麼魔障、引誘呢？他的感情之湖，又是否起過什麼漣漪呢？

到了今天這個年紀，早已人情熟透的星雲坦然談起當年種種，並不諱言：早自任大覺寺監院的二十郎噹歲，就有人喜歡他，要收他當乾兒子；或乾脆利誘他還俗，好爲荳蔻年華的女兒嫁得東床快婿。駐錫宜蘭和高雄初期，不少年輕女性常至雷音寺和壽山寺走動，所爲何來？如今談起，有些已作「阿媽」的信徒靦腆承認，去廟裏不是爲了拜佛祖，而是對那位青春英俊的外省和尚有興趣。

高雄蘇秀琴居士曾在壽山寺三十週年紀念會上回憶，當年大家看見師父法相莊嚴，對他懷著純潔的仰慕，不過在愛情與法情上畢竟仍是有區別的。

這些年下來，由於台灣的佛教徒以女性居多，某些報章媒體不時捕風捉影，或說他私下有妻子兒女云云。雖是流言蜚語，無須辯白，但仍給他帶來不少困擾。不過近年來，他已把這些看做輕絮飛煙，並不介意。

前幾年，一位七十餘歲的老婦人，常常跑上佛光山，吵著要見大師，爲什麼？她自稱與大師是七世夫妻。有一天，她又帶著兩位非常蕭灑的青年上山，巧遇星雲陪著賓客參觀巡山，她立刻要兩位青年跪下，並說：「這是你們的爸爸，快叫爸爸！」兩位青年一時面紅耳赤，手足無措，但拗不過老婦又推又拉，只好勉強跪下來。事後兩個年輕人找星雲解釋，母親精神狀況早有問題，不好意思連累了大師。星雲自己當然可以體諒他們的苦衷，但當天目睹此景的人觀感如何，可想而知。也難怪會傳出一些是是非非。

還有一位中學老師，也是精神狀態有異，星雲講經時，常常拿著書信放在講台上。有人問她爲何對大師如此冒犯，她說：「我要摘下天上的那片雲。」某一回，當星雲在等電梯的時候，那女子不知從哪裏冒出來，竟走上前爲星雲整理衣領。旁邊的人，剎時看得目瞪口呆，星雲更是一臉無奈。所幸弟子及時將她拉開。當場除了普門寺幾位護法居士知道內情，其他人看她一臉清秀，怎會想得到她精神不正常。

另有一次，佛光山一位多年的功德主忽然宣布不和佛光山來往了，細問之下，她說她在屏東聽一個女人說星雲要娶這個女人爲第五位姨太太，她十分氣憤，宣布對佛光山不再支持。經過追查，發現那個女人原來是大慈育幼院的一位老師，行爲操守有問題，院方怕影響育幼院院童，只工作了一星期就請她離開了。沒有想到她回到屏東，逢人就說大師要娶她作第五個姨太太，還十分洋洋得意。事實上她長的什麼樣子、姓何名誰，星雲全然不知，莫名其妙的揹了黑鍋。

五十年持戒和尚

雖然一生中經歷了這許多誘惑、誤解，星雲摸著良心說，自剃度以來，當了五十多年持戒和尚，對佛教「是一個從一而終的人」。只要任何人對他顯示任何超越分際的感情企圖，立刻保持距離或乾脆拒絕往來。因爲他心中有一個無限寬廣的感情世界，不只愛某一個人，而是普遍愛一切眾生。「天下長輩都是我的父母，天下晚輩都是我的子女，天下人都是我的自家人。」他說：「我覺得出了家的人也是一樣有無盡的愛，這個愛更廣、更大；或者說是很美妙、昇華的感情。昇華的感情就成爲慈悲，慈悲是不要報償的，不要報償的感情就是智慧。」

他愛眾生，眾生也以愛與尊重回報。八十二年農曆七月二十二日，星雲六十八歲華誕，全省信徒分三梯次主動上山爲他賀壽，車馬輻輳、人聲鼎沸，整個佛光山喜氣洋洋。連續三個晚上，拜壽的人排成二列，依序向大師頂禮，平均每晚都要二小時以上，隊伍才能走完。

對動物普施慈悲

不僅對人有情，他對動物都一視同仁，普施慈悲。自小喜歡飼養鴿子的星雲，多年來在佛光山寮房的窗台上，常有一羣鴿子來索食，總可以享受到穀米、清水。有時他出門講經雲遊，幾天不回來，也會多預備一些，或請人定時添加。

山上佛學院裏養了一些撿來的流浪狗，其中有一隻叫「小俊」，每次上課就趴在地上安靜的豎耳聆聽，正所謂「狗子也有佛性」。看到星雲遠遠走來，馬上站起來搖尾歡迎。幾年後，「小俊」老了，動作日漸遲緩，有一天，星雲和學生站在走廊講話，瞧見「小俊」正抖抖顫顫的準備站起來，他立刻輕手輕腳轉進辦公室，爲的是不打擾牠午休，更體恤其年老行動不便。

另外，曾有人抱了一隻剛滿月的流浪狗上山，星雲爲牠取名「來發」。六、七年中間「來發」的家，就是星雲的房門口，他每次去上課、會客，狗兒都在外面守候。一天，「來發」突然失蹤，星雲不免很難過。幾個月之後，有人聽說他失去了一隻狗，又抱了另一隻小狗上山。說也奇怪，這隻小狗長大後，無論毛色、性格、動作……都和「來發」一模一樣，大家便叫牠「來發二世」。星雲同樣也對牠悉心照顧，直到狗兒老死爲止。山上的兩百餘大眾還爲牠誦經追思。

簡單是出家人的本分

自佛光山創建已具規模，遠近馳名以來，有一些遊客上山觀光旅行，看見佛光山殿宇巍峨宏大，外觀光鮮亮麗，設備新穎現代，禁不住詫異：「一個廟竟然可以如此！」或是直覺的認爲其「世俗化」、「商業化」。事實上，這些一般人看得見的部分，是爲了給眾人歡喜方便，希望他們因而常來接近禮拜，這一半是星雲「前進的人生」；然而仔細觀察他個人日常起居，則會看到另一半「後退的人生」。

論衣，他常說：「簡單是出家人的本分。」終年四季總是那兩件土黃色長衫換著穿，冬天冷了，裏面再加件衛生衣或毛線衣。乍看腳下，在他左腳僧鞋面上有一條像蜈蚣一樣的「花紋」，約莫三、四公分長。仔細一瞧，原來是鞋面破了，由他一針一線親手縫補的整齊針腳。抬起腳，兩隻鞋的膠底各磨損了大半，露出麻布內墊，卻仍伴著他四處奔走。「爲什麼不換一雙呢？」記者天真的問。「這種狀況已維持幾年了，再壞也壞不到哪裏去，何必換呢？」他也天真的答。

論吃，如果不是目睹，恐怕很難相信，他從外面趕回來，手裏端著一碗白麵，在冷氣孔上吹涼，兩口吞下，又趕赴另一場開示去了。數十年歲月就這樣匆匆流逝。

若有機會和他一起用餐，既是福氣也是壓力。一方面他待客殷勤，頻頻布菜，不好意思不吃完，一筷接一筷，常「撐」到站不起來；另方面他自己吃得快、吃得少，只動前面一、兩樣菜，而且吃完一箸才下另一箸，絕見不到碗中有堆積未吃的菜餚。

外界較不清楚的是，星雲的父親是一位烹調素齋的高手，也許遺傳了這方面的天分，他發明的幾道拿手菜，如花生豆腐、蕃茄麵、皇帝豆麵、羅漢湯都是佛光山的「招牌菜」，也是典座必學的手藝。早年山上信徒如果忽然來的太多，廚房人手不夠時，他也會圍著圍裙在灶前幫忙炒麵。因爲忙，多年未掌杓了，去年在香港，竟有幸吃到他親手炒的一道油條燴豆苗，雖僅家常口味，然而出自大師之手，是所有菜中最早盤底見天的一道。

其實他平日最愛的食物不過是一碗陽春麵，淋上一匙醬油麻油；或是開水泡飯配宜蘭豆腐乳。這幾年旅行世界各地，他對吃的適應力也很強，不論日本醃菜、韓國泡菜、美國麵包都入境隨俗。惟一不吃的是水果、補品和維他命。

處處無家處處家

論住，佛光山那麼大，他只在傳燈樓的走廊上隔了一間起居室，雖是六坪大斗室，但他「心中有事天地小，心中無事一床寬」，一晃眼就住了十幾年。直到兩年前，才搬進第二代住持心平和尚爲孝敬他而蓋的「開山寮」。

弘法雲遊，「處處無家處處家」，不論越洋飛機上，高速公路車子上，他都能恬靜入眠，反而是太豪華的居所，令他不自在。有一年去韓國演講，韓國的大和尚特別準備五星級飯店總統套房給他下榻，住一夜要新台幣數萬元。但他除了坐過一張椅子和掀起被單一角蜷曲睡了一夜之外，其他絲毫未動，主要是不習慣軒屋高床，也不忍破壞室內的乾淨整潔。

經歷過困乏的大時代，如同許多長輩，星雲自奉節儉的習慣，並不因爲他今天國際高僧的地位而有所改變。他的弟子之間流傳一個笑話：每次師父出國弘法講經，身邊多少帶點美金，作爲慰問、結緣之用；同時旅途中不論飛機上、餐廳裏、洗手間都備有各式各樣的衛生紙、面紙，他用過一次捨不得丟，把衛生紙一一折好收進口袋裏。回來後，徒弟幫他整理行裝，竟從口袋中掏出七十幾張衛生紙，就笑說：「師父的口袋是帶美金出國，帶衛生紙回台灣。」

他絕少爲自己買東西，如同維摩居士的寫照：「吾有法樂，不樂世俗之樂。」近來由於眼力衰退，在過境日本時買了一隻價值日幣五千元（約合新台幣一千五百元）的手錶（錶面較大），身上錢不夠，還是向慈惠法師借錢才買成的。

一位弟子印象十分深刻，一天隨侍師父身邊，見師父小心翼翼自口袋中拿出一張千元大鈔，折得四平八穩，遞給另一位徒弟，並說道：「你尊重他，它會再來！」

因爲能捨，視五欲六塵爲夢幻泡影；因爲能受，視宇宙三千、芸芸眾生都是他的財富。

律己嚴，待人寬

然而儉樸刻苦絕不代表吝嗇，他律己雖嚴，待人卻寬。幾十年來，星雲可說是無私產的人，信徒的供養全部交給常住做爲建設經費，或支持各種文化教育事業。「我有一個個性，這個性是好是壞，自己都不知道，我身上有錢放不住，一有錢就想給人。」依照佛光山人事制度，他這位開山宗長的「單銀」（月薪）是三千二百元新台幣。用這筆錢，他從海外回來，會為全山每一個人，帶些適合的小禮物，價錢不貴，珍貴的是他對大家關愛、慈愛、肯定的心意。

在青年佛弟子身上，他尤其捨得「投資」。目前在海外求學的數十位徒眾，花費全由山上供應，由於財力不那麼充裕，弟子們也體恤常住困難，節衣縮食。但只要有機會去看他們，星雲總會自掏荷包，留下一些錢，不忍見弟子吃苦。

兩年的夏天，星雲去香港演講，兩位來自廈門佛學院的青年僧人濟羣法師、修永法師專程到佛香講堂覲見請法。百忙中，星雲仍與他們親切交談，鼓勵二人回去後振興中國佛教，還送他們一袋書籍，包括《佛光大辭典》、《演講集》等。臨行，學僧伏地頂禮，星雲扶他們起來，同時輕輕遞過一個紅包和他們結緣，二人含淚合十作別。原來這個紅包是十分鐘前一位香港信徒才供養的。「錢」或許是俗事，但出自胸中朗朗誠心，就成了普同供養的資糧。

一領袈裟，兩袖清風。「我一生沒有自己房間的個人鑰匙，沒有一封不可給人看的信函，沒有不給人知道的行蹤。」四、五十年來，就是這種「無欲」乃能顯其不凡。

心量有多大，世界有多大

心量有多大，世界就有多大；能包容多少，就能成就多少。要問星雲憑什麼能開創全台灣、乃至全世界最大的佛教事業，答案就是他的心量開闊寬容，突破了傳統出家人的格局。

暢銷書作家林清玄對此有一番親身經歷。十幾年前，他與導演劉維斌到佛光山拍紀錄片，劉導演突發異想，要求爬上佛前供桌取一個由上而下的鏡頭，忐忑提出，沒想到星雲竟十分尊重劉導演的創意及專業判斷，一口應允。

身爲居士的林清玄，接觸過眾多寺院，另一個讓他耳目一新的觀感是佛光山僧眾打籃球——而且還是由大師帶頭。

星雲曾說，在他一生中，惟一銘印在心中的，不是佛光的宏偉建設，而是東山那座籃球場。自小喜歡運動的他，在佛學院讀書時沒有體育課程，曾偷偷自製籃球架，險些被院方開除。因此有了自己的道場之後，最大心願就是建一座籃球場。從前，他每天傍晚與弟子打球，不亦樂乎。美中不足的是經常比賽到一半，侍者一聲通報，就得和著汗水，披上長衫，趕赴客堂去見訪客。

鼓勵僧眾打球，除了希望出家人也有強健身體，還因爲打籃球代表著：

一、公平、公正、公開；前進、勇敢、爭取最快的一秒。
二、團隊的精神、團體的榮耀；團結合作。
三、光明磊落、肯認錯、服從裁判；慈悲，不可惡性犯規。
四、愛你的敵人，沒有另一隊就無法打球。

所以奔馳於佛光山的籃球場，不僅是傳球投籃，在汗水與腳步交織下，更是師徒間進行傳法接心。雖然他腿傷之後，弟子「禁止」他打球，他仍坐在輪椅上，定位投進許多三分球。每年他生日，山上也一定舉行「佛光山無量壽盃籃球賽」，這項佛光山的「奧林匹克」運動會，已有二十七年歷史了！

童心童趣

從另外一面推想，星雲全球度眾、日理萬機，恐怕是道貌岸然，神聖不可侵犯的吧！然而由親近過他的人口中，卻描摹出一位和藹、親切，又不失童趣幽默的至性赤子。

作家姚琢奇曾於七十八年參加大陸弘法探親團，與星雲相處近一個月。他回憶道，在北京遊十三陵時，大師在門口買了一隻可以套在手上的玩具布偶貓熊，並利用三隻手指做出各種有趣的動作。他還把貓熊藏在袍袖中，不時拿出來與人打招呼，以博大家一笑。

團員中有好些是在家眾，平時葷素俱食，但一路安排的多爲素食，對於某些無葷食全身乏力的人，確實不太好受。尤其大陸上有許多非常值得一嚐的美食，如果硬要守「清規」，豈不有白來一趟之憾。到了西安，在「地陪」的介紹下，知道有一家羊肉「泡饃」很有名，於是約了七位同好，叫了計程車，在陝西賓館門前準備出發。正要上車，巧遇大師和幾位法師回來，笑笑問：「怎麼，要出去吃東西？」答以要去嚐嚐遠近馳名的「泡饃」，大師說：「要小心，如果不乾淨，還是在賓館讓大師傅做比較安全。」第二天賓館即安排了一桌葷菜，還有「泡饃」。此時大家心中有數，一定是大師體貼不慣素食的團員，特別交代賓館廚房，給大夥兒解饞的。

另有一次，在日本召開國際佛光會理事會，會議圓滿，他站在飯店門口送行，拿著手中枴杖當禮槍放在胸前致敬！坐在車上的與會代表個個莞爾。

寧動千江水，不動道人心

在這個凡事講求「專業」的時代，要作一位「高品質」的出家人，也必須處處格外用心。

由於他的細膩周到，是公認的最佳「知客」。帶人參觀一定先查看燈是否開了，路上是否有障礙物擋道。開會之前先檢查桌椅坐位安排，冷氣開了沒，茶水夠不夠，讓每個人都有賓至如歸的感覺。

因「星雲法語」節目和大師共事三年多，華視導播陳泰談起這位長者敬業、負責的工作態度只有一句話：「一流的！」爲了拍出完美畫面，無論爬山入林，大師都全力配合，毫無怨言。有一次陳導播想打出更好的燈光效果，用五千瓦的七支大燈照在他身上，三、四小時下來，旁邊弟子急得跳腳：「師父要烤焦了！」卻見大和尚端坐如常，還能面帶微笑。

雖是七十歲的人，星雲仍儘量保持一顆年輕、開放的心。爲使徒眾會心接受，他對徒眾的教育常以身教代替言教。他平日舉止，如腳步、開門、拉抽屜，都避免干擾別人。自己身邊的事，也很少麻煩別人。除了自己剃頭、自己洗衣服，每次浴畢還隨即清洗浴缸，以免汙垢積久難除，連出國住旅館也不例外。即所謂「寧動千江水，不動道人心」。

他也非常用心了解年輕人的想法，徒眾有要求儘量說「ＯＫ」，而不說「ＮＯ」；身爲師父，很少用命令口氣喚人，弟子表現不如法，也不說傷年輕人自尊的話，只說：「如果我是你，這件事用另一種方式處理，也許會做得更好。」這就是

「攻人之惡勿太嚴，要思其堪受；教人之善勿太高，要使其可從」的道理。

不同於刻板印象中的入定老僧，他喜歡快樂的氣氛，「快樂是室內的陽光，」星雲常鼓勵大家，世上沒有什麼解決不了的事，爲何要愁眉不展。而且巧妙比方：「快樂猶如香水，向人灑得多，自己也必沾上幾滴。」

歲月在他身上留下人情嫻熟，世故通達，所謂「一理通，萬理徹」，他常說做事可以失敗，作人不可失敗，除了會讀書和善良是不夠的，要能把「三間」——時間、空間、人間掌握得恰如其分，才能令人皆大歡喜。

讀通「生活」大書

在這個學歷至上、知識掛帥的社會，台塑企業董事長王永慶是一個打破高學歷迷思的成功典範，星雲則是另一個自修精進，而胸有三千界的好榜樣。

雖沒有拿過一張正式畢業證書，幾十年來，自修讀書就是他上的社會大學。一批批看完的隨身書、案頭書，陸續成爲佛光山十幾個教育機構、圖書館的藏書。即使再忙，晚上十一、二點回到寮房，捨不得就寢，一個人靜靜看幾頁書，是最大的享受。他平時常看《高僧傳》、柏楊的《資治通鑑》、武俠小說，對科幻小說也有胃納。報章、雜誌更是不可或缺的精神養料。

和朋友、弟子間最貼心的禮物也是書，最近赴美，送了許家屯先生一本《容齋隨筆》，許先生如獲至寶。

他常說，讀書是一件很快樂的事，要讀出趣味，讀出歡喜，而不是愈讀愈苦惱，應善知自己的性向來讀書；在社會上工作，講究的是「學力」而不是「學歷」。而且還要讀通「生活」、「人情」這本大書，才是真正會讀書的人。

聽他言談或演講，很多人好奇，他自小出家，身在佛門，怎麼能對社會上政經脈動如此清楚了解；又對世俗感情若有體會？其實祕訣只有兩個字——「善聽」。（地藏王菩薩的座騎，有人稱之為「四不像」，真正的名字為「善聽」）無論和訪客、朋友、信徒、弟子談話，他都能以一顆謙恭的心聆聽，從各人身上汲取經驗。他曾說自己像塊海棉，又像部電腦，好的意見、好的看法，一輸入電腦就成爲自己的了，而且終身不忘。

讓人接受，讓人實踐

杜甫曾謂「讀破萬卷書，下筆如有神」，在台灣的出家人中，星雲的筆耕成果亦十分可觀。問他寫作的訣竅，回憶起那段自我訓練寫作的歲月，星雲說，由於紙筆缺乏，想到的只好記在心裏；再加上當年過堂（吃飯）、上殿都要排很久的隊，他就善用等待的時間打腹稿。這種習慣一直保持到今天，寫作題材常在腦中組織盤旋；坐車、走路時思考布局，因此，一篇文章由開頭到結束，常能倚馬千言，一氣呵成。

以寫作風格來講，星雲走的是比較平易通俗的路線，一些隨時代演進而創的概念或詞彙，如「新新人類」、「基因」等，也都能信手拈來，隨機運用。評者謂其文章「醇厚精華，筆簡味永」，用活潑的形式、淺近的語言，表達出深遠的寄託。歷來諸大德中，星雲最欣賞鳩摩羅什，因爲他所譯的《彌陀經》、《法華經》、《維摩經》、《金剛經》，都能使人琅琅上口。星雲寫作的原則也是表達要讓人懂、讓人接受、讓人去實踐。亦即程伊川所說的：「讀得一尺，不如行得一寸。」

師父是座活寶山

跟在星雲身邊多年的人早知師父是座「活寶山」，近年又從他身上挖出另一項寶藏——書法。曾經，爲了感謝發心信眾，星雲利用零碎時間，寫一些佛門法語和信徒結緣。他常謙稱祖上並非書香傳家，自己也從未練過字，只是從前常寫些海報對聯來布置講堂，「我的字竟可以送人，更是想都沒有想過的事！」

然而，他筆下物我兩忘、自他一如的氣質，仍吸引許多人慕名來求墨寶，漸漸有了「市價」。一幅字捐給立委潘維剛的現代婦女基金會，義賣了新台幣一百萬元；佛光大學書畫義賣，第二梯次在台中舉行，他寫的「禪心之道」四個字，基隆的孫淑英女士也以一百萬元高價買去。不過，有一次，一位十二歲的小弟弟在義賣會上出價一百元求一幅字，星雲同樣欣然答應。

生固可喜，死何足悲

縱使浸淫佛法五十餘年，星雲仍免不了寄居在一副也會生老病死的色身裏面，本著給人歡喜的信念，他從不提自己的健康問題。事實上，他多年的糖尿病，已連帶使眼睛受損，也影響記憶力，最近幾年連皮膚稍微受傷也不易癒合。弟子信徒掛心，紛紛勸他少奔忙、多休息，注意保養；也有很多送中藥、呈偏方的。跟了他三十多年的徒弟李武彥（慈照），服務於榮總，爲資深X光技師，好幾次爲了請他到醫院健康檢查，跪地懇求。談到個人身體健康的問題，他僅僅輕描淡寫：「人是一個，命是一條，心是一點。」

他自己不在意，某些教內教外人士卻認爲這位與時間競跑的大和尚，總有跑不動的一天，也猜測若他真倒下，「地位可以取代，聲望不可取代」，佛光山這個龐大的體系又會產生何種變化呢？

面對這個疑問，他胸有成竹：「我並不怕死，死是非常自然的事，我們有信仰的人，不是不會死，而是面對死亡，會認識清楚，知道死亡不是結果，而是另一期生命的開始。我常以死亡比喻人要搬家，或換新衣。所謂生與死、死與生，是二而爲一、一而爲二，生固可喜，死又何足悲。」

「至於說我死後，佛光山怎麼辦，這不必掛念，我退位以來的佛光山不是很好嗎？佛光山已制度化，是一個清淨、和樂、法制的僧團，是由健全的組織集體領導，所以掛心者不必把佛光山和我的生死扯在一起。」

隨緣自在七十載

任由外界或褒或貶、或關心或猜疑，星雲對自己的評價早定——舉重若輕，隨緣自在七十載。就像香巖智閑禪師偈語所形容的：「處處無蹤跡，聲色外威儀」。

星雲曾在日記中寫著：

心懷度眾慈悲願，身似法海不繫舟；
問我平生何功德，佛光普照五大洲。

表達出他對自己一生的看法。

誠如他所說，每個人都是自己命運的建築師。身爲中興教運、以教爲命的佛弟子，星雲義無反顧走出前進的人生；作爲一個平凡卻不平凡的和尚，他又表現出了敦厚忘我後退的人生。

第二十章

非佛不作

由遠處遙望，一般人看見的星雲大致如下：一位生命力旺盛的和尚、悠游穿梭佛門與紅塵之際；通曉上下古今、提筆能文、開口善言；交友上自達官顯赫、下及市井大眾；長於經營擘畫、掌握財勢大權；威望不亞於一位大型跨國企業集團的總裁……。因而不禁要問自古有哪個和尚像他這樣？會不會逾越了本分？

然而，進一步檢視星雲大半生的壯旅，不難由他的所思、所言、所行中歸納出分寸原則——非佛不作。他為自己設定的人生目標除了作一位興隆佛教的釋姓人，更要承擔以佛法濟世的嚴肅使命。

佛陀教化原是集宇宙萬事萬物真理之大成的「生命之學」，到得今日，雖為因應社會變遷而用現代的方法詮釋傳播，但基本精神教義仍是一脈相承、不離其宗。星雲提倡人間佛教，就是要使古老的佛教成為解決現代問題的新利器。

以佛法作心靈環保

處於世紀末混沌中，每天充耳所聞、觸目所見，均是天災、戰爭、暴亂、欺詐、搶奪，眾生在惶惑不安中尋求生存、呼吸的縫隙。不僅充滿垃圾、廢氣、氟氯碳化物、汙水、濫墾的悲慘地球需要環保；政治亂象、犯罪囂張、家庭暴力的社會需要社會環保；而人際關係的疏離、空虛、傾軋更需要心靈環保。因此星雲致力於以人間佛教大乘菩薩道的精神，對於親友父母的居家之道、社會人際的羣我之道，食衣住行的資用之道、夫婦朋友的情愛之道，以及理財、宗教、醫療、政治、社會、國際等，都能提出合理合法的主張。

具體的行動是，除了在現有的教育、文化、慈善事業中實踐人間佛教，也遴選合格佈教師（出家眾）、檀教師（在家眾）巡迴宣講；此外還成立「佛教諮詢中心」，讓社會上有疑難卻求助無門的人，利用電話、面談，給予佛教上的心靈輔導，解決其生活、職業、家庭、感情問題。另外組織急難扶助會、老弱殘障的收容之家等。

誠如監察院長陳履安所說，今天台灣信佛的人多，學佛的人少，意思是大家有錢之後，捐款做功德都很踴躍，但談起以佛教來提升個人心靈層次與社會生活品質卻仍差了一大截。星雲持同樣看法，希望社會大眾能知佛法所以然，而非盲修瞎練，佛教的價值才可深入人心。

落實佛教基礎工程

經過數十年努力，當許多人讚揚他開創了中國佛教新紀元，營造空前的繁榮與興盛，使佛教揚眉吐氣，儼然當今又一個「正法時期」來臨，星雲一則以喜，一則以憂：愈來愈多人接受佛法洗禮固然可喜；但在表面的榮景下，仍有許多結構性問題未解決，卻誠然可憂。

早將性命付予龍天三寶的星雲，多年來大聲疾呼，希望落實佛教基礎工程。包括：一、建立現代佛教制度；二、提高僧伽素質；三、發展佛教事業；四、發揚人間佛教。

在建立現代佛教制度方面，他對於多年來台灣佛教各自爲政、一盤散沙的狀況憂心忡忡。尤其社會富裕之後，供養法師很容易，只要一領袈裟，圓頂落髮，經論不全、教理不通，也可以收一批信徒，坐享豐足供養。甚至還沒有受戒，就到處化緣建廟；海青還沒學會穿，就經常做法會；還沒懂規矩，就已經收徒弟、當戒師……。

種種草率散慢，皆是因爲佛教沒有制度，因此由佛光山以身作則，他提倡人事要有人事的制度、經濟要有經濟的制度，寺院要有寺院的制度，傳教要有傳教的制度；另外還要有做法會的制度、剃度的制度、傳戒的制度……。

具有現代眼光的星雲，在制度上並不傾向全盤「復古」，而是主張要有一套大家都樂於奉行的規矩儀制，以團結教界力量，促進佛教整體發展。

呼籲修改跛腳鴨法令

爲何多年來佛教制度難以建立？最大致命傷在一部「跛腳鴨法令」——「監督寺廟條例」。這部民國十八年由國民政府公布的法令，只針對佛教及道教，天主、基督、回教及喇嘛教均不受限；甚至連騙財騙色、敗壞社會風俗的神壇、神棍也可以逍遙法外。其不合理處包括：一、只重管理人不重住持，在家人當權，出家人淪爲雇員；或一個寺廟雙頭馬車，僧俗爭端、糾紛時起。二、信徒代表干涉寺務，行政組織一團混亂。三、住持無資格限制，濫收徒眾、濫授戒法。四、住持無任期規定，個人把持廟產。

因此，星雲在許多場合均要求給各宗教一個公平健康的發展環境；主張信徒、寺廟爲整個佛教所有，非個人私產；呼籲廢除管理人，交由專業神職人員管理，以平息僧俗爭端。同時，如同學校必須由合格教師任教，醫院必須由合格醫師負責駐診治療，寺廟住持也應出身正統佛學院，授予佛學學位，以確定專業資格。任期則應有限制，以利新舊傳承。

為佛學教育請命

在提高僧伽素質方面，關鍵是佛學教育。

放眼中華民國台灣地區，輔仁大學設有宗教學系，政府允許其開設宗教課程，宣揚天主教義；以基督教立校的東海大學，校內即有教堂。然而惟獨不承認佛教學院，不頒予畢業生學位，甚至間或有政府官員公然揚言要取締佛教學院。

反觀提倡無神論共產主義的中國大陸，全國各地尚且設有政府認同的佛教學院，直接受中央政府管轄指導，各佛教學院的薪給比照師範學院，由政府直接撥發。美國則對神學院、聖經書院均加以承認；不少日本國立大學中設有宗教系，私立佛教大學亦比比皆是，亦無損其爲美、亞二洲先進大國。

就只有在台灣，佛教學院是教育體系之外的孤兒。星雲辦佛學教育已三十年，不忍年輕佛弟子繼續名不正、言不順，不斷呼籲讓佛教學院正式登記，接受教育部輔導，認可學生學籍、學位，並允許公開招生，以繼薪傳。

不僅如此，他還提出改進佛學教育的具體建議：

一、為佛學院訂出高、中、初各級層次。

二、為各級佛學院考試評定合格教師。
三、為佛學院訂定各級標準教材。
四、訂定佛學院設備標準。
五、加強培養佛教教育行政人員，給予認定。
六、佛教教育應共同組織一領導中心。
七、學生畢業後，優秀者應協助其繼續深造，或出國留學。
八、各佛教學院學生應有院際間的共同活動，如論文、演講、梵唄、書法等各級競賽。
九、認定佛學院學生的資格。
十、規定佈教師、住持、監院等應由佛學院畢業生充任。
十一、設立各大專院校佛學社團社員會考制度，認定其資格，以便其為佛教服務。
十二、鼓勵佛教界多設立獎學金及助學貸款。

舉世各地，教育發達的必然是強大國家，文盲多的必是落後地區，宗教負有教化社會的責任，如果本身人才不夠水準，又怎麼能勝任淨化人心、改善風氣之重擔？

自給自足福利羣生

在發展佛教事業方面，傳統上（即使現在亦仍存在），出家人只要會唸經，就能生活，所謂「會得香雲蓋，到處吃素菜」；會做法會，寺廟就會興旺。因此，拉信徒、串門子、到處化緣等，成爲僧尼普遍賴以爲生的方式。也因此造成佛教不能自力更生的印象，得不到社會大眾的尊重。

中國佛教史上，唐朝百丈懷海禪師提倡「一日不作、一日不食」的農禪生活，自給自足；民初太虛大師提倡佛教界經營工廠，不但要自己活得下去，還要有餘力回饋社會。星雲出身大陸古剎叢林，也認爲佛教界應從事生產，注重事業。觀諸天主教、基督教，在全世界都有他們辦的醫院、學校；日本佛教界還開百貨公司、大飯店，亦都受到社會正面肯定。因此台灣佛教界不要忌諱事業，應有自己的經濟來源，才能進一步服務社會、福利羣生。

談起他個人的事業計畫，除了仍不斷醞釀開辦佛光電視台、廣播電台，還準備發行佛教日報、創立傳播中心等。三十年前，他和悟一、南亭等法師創辦了智光工商學校；十八年前，在佛光山又創辦了普門中學。目前，除了美國的西來大學外，正在緊鑼密鼓推動的是佛光大學。

這所大學位於宜蘭縣礁溪鄉林美村，背山面海，占地五十六公頃，這是星雲四十多年來的弘願，也是佛教事業另一重要里程碑。佛光大學已於八十二年十月破土，研究所預計在八十四學年度開始招生，先設中文、哲學、大眾傳播、管理、外文、藝術、影劇等七學系。

在星雲心目中，這是一所綜合性、精緻、自然、融合生活教育與人文教育的學府，將成爲一種新的教育典範。特聘最年輕的國家文學博士龔鵬程爲校長。

建一所大學殊非易事，在星雲的大願心下，所需的三十億新台幣正透過書畫義賣、募捐藏書等方式點滴累積；學校雖甫立，善緣已廣結，正顯示出佛教事業與社會密切關聯的特質。星雲曾多次表明：「佛光大學是誰的？不是我的，不是佛光山的，是社會的，是每個人的！」

縱浪大化中，不喜亦不懼

對於台灣佛教現狀的愛深責切；對於未來發展的直陳不諱，不可否認的，總會得罪政府主管機關或既得利益者，竟也落入言者諄諄、聽者藐藐的困境。既影響不了別人，只能先從自身做起。這位佛門「自由派」直下承擔，把佛光山建設爲最具現代性格的道場，健全制度運行不輟，組織管理井井有條。佛學院歷史最久，人數最多，已培育出一千多位優秀的佛門新血輪。至於佛教事業，從教育、醫療、慈善、文化，緊緊相扣，其他佛教團體則亦步亦趨。

這期間，讚佩有之，責問非難不可免，但星雲秉持「非佛不作」的原則，一往直前。如同陶淵明所形容的「縱浪大化中，不喜亦不懼」。

目前台灣佛教界的問題仍多，距理想境界尚有一段距離，但佛果非一生一世修成的，猶如愚公移山，星雲有信心，在佛光山一代代弟子接棒下，中國佛教終有面貌一新之日。

第二十一章

生生無悔

沁涼空氣中，南台灣的夜清朗遼闊。「咻！咻！」聲響，天空降下一片黃金雨，四散的煙花如碎鑽似輕灑；五光十色的高懸華燈，在樹影花叢中閃爍掩映。人羣有的鼓掌，有的歡呼，喜悅洋溢。

一年一度，從正月初一到元宵，佛光山固定舉行春節平安燈法會，接著是在星雲大師出家紀念日——農曆二月初一——前後舉行的信徒大會。這一個月期間，年年都有數十萬以上人潮，從海內外、全省南北不斷朝佛光山聚攏；接引大佛腳邊、大雄寶殿廊前，「來到這裏，就有回家的感覺！」他們心滿意足的輕喟。

四十年來，從戰後的貧困危殆，到今天的富裕繁榮，台灣創下了舉世知名的經濟奇蹟，大時代也鍛冶出值得記載在歷史中的典範人物，佛光山開山宗長星雲大師無疑是其中一位。

星雲七十年人生壯旅，與其說是一則傳奇故事，不如說是具有啓發作用的振奮劑，每一個追求不平凡人生的平凡人，都可以藉他照亮自己的真如本性，規畫自己的未來。

說起出身，星雲祖上既非書香世家，亦非豪門巨室；談教育程度，他從未領過一張正式畢業證書；若論命運，自幼失怙，隨之剃度出家，又遭逢動亂，孤身求存。至於天生秉賦，也不是那種三歲能文、五歲能武的曠世奇葩。

全力以赴，擇一而終

那麼，他究竟是如何成功的呢？簡單的說，只有八個字——全力以赴，擇一而終。這八個字貫穿星雲大師一生的重要歷程，也彰顯出他的生命特質。

十二歲出家或許可以說是宿世因緣早定，但若不是小小年紀就已明白「承諾」的重要，他不會哀求母親成全，也不能咬牙度過十年叢林生活的嚴格考驗。

民國三十八年，他輾轉來台，身無長物，言語不通、人地生殊，曾經餓過、凍過、病過；坐過黑牢；受到誣蔑打擊；也眼見旁人還俗謀生……。當時若退轉道心，其實情有可原，可是一方面他想到與智勇法師的約定：一人留守神州護教，一人渡海傳燈，續佛慧命；另一方面基於對興隆中國佛教的使命感，矢志不移。於是寄人籬下四年，動心忍性；駐錫宜蘭十二年，深耕積養；佛光開山篳路藍縷，更是一點一滴茹苦含辛。

環境在變，人事在變，不變的是他以教爲命的選擇。

隨著台灣經濟發展的軌跡，社會條件逐漸成熟，星雲的辛勤播種、耕耘也終於開花結果。第一代弟子秉承師志，陸續開創海內外別分院以及相關事業；第二代弟子又適時接棒，穩定守成。如今這個以「佛光山」爲統稱的龐大佛教事業體，包含海內外近一百個分支點，其他周邊機構包括佛學院、中小學、幼稚園、出版社、雜誌社、育幼院、醫院、養老院等，共一百八十個單位。

永續傳燈

與台灣其他法師或道場相較，不論教內教外人士都肯定星雲在佛教新血的培育上表現最爲優秀。如今佛光山派下有一千一百多名出家弟子，無論就現代教育視野，或傳統威儀規矩，都足以寫下中國佛教史上的新紀錄。而星雲之所以能創此成果，就是因爲他相信佛教也需要「永續傳燈」。

爲了使佛教發展更穩健、更長遠，星雲又融合古代叢林清規及現代道場特色，規畫出與時俱進的制度，包括行政、經濟、財政、人事、進修、福利等。在這樣的設計下，佛光山一百餘單位主事者以制度爲主軸，以師兄弟情誼爲網路，既有動員力與向心力，又做到公平公開，使得這個龐大的事業體環環相扣、運轉順暢。

然而，徒法不足以自行，佛光山是一個宗教團體，要有中心思想才能凝聚眾人共識，並擴大影響力。因此，星雲四十年來把大乘佛教的精神，以「人間佛教」、「生活佛教」的面貌呈現出來，透過現代化的弘法方式，傳播「生活比生死重要」、「佛教是幸福之教」等觀念。同時台灣經濟快速發展、社會繁榮多元、教育普及的大環境也爲「人間佛教」提供了豐沃的土壤，受到大眾歡迎，愈來愈多政商人士、社會精英、知識分子皈依佛陀座下。佛教的地位也由市井迷信，提升到與基督教、天主教平起平坐，近年聲勢甚至還凌駕其他宗教之上。目前佛光山台灣地區的信徒已超過一百萬人，海外也有數十萬之多。

雖然佛光山是星雲大師心血結晶，必有非常深刻的感情，但基於「依法不依人」以及落實制度的胸懷，爲使佛光山可大可久，他十年前毅然交出住持棒子，由弟子心平接任。

放下才能再提起

「放下才能再提起」，如破繭而出的星雲接著四處弘法，組織國際佛光會，結合社會資源，爲佛教注入新能量，也讓佛法普沾大眾。目前佛光會全世界各協會已近一百個，是今後佛教發展最強力的支柱。

回首前塵種種，星雲坦述自己的心路歷程：「我一生做事不喜歡『退票』，很重視承諾。在現實社會裏，人們要的是成果，沒有人會關心你過程中的辛酸，也因此讓我受用很多。定下目標，過程再艱苦、再困頓，我都不會失望、灰心、改變心意。故能迎刃而解許多問題。有志者自有千方百計，無志者只有千難萬險。」

在人生舞台上，不論扮演什麼角色，都要以主角的心情上台演出，這就是星雲的人生哲學。

走出佛教康莊之路

金剛經云：「一切有爲法，如夢幻泡影，如露亦如電，應作如是觀。」意指所有看得見、聽得到的「相」均不過是虛幻；然而由一個俗人來寫星雲大師，仍免不了把他的作爲、貢獻，一一放在歷史的河流與時代的潮汐中近看遠瞻、條析縷陳。

一生奔忙，壁上日曆染出兩鬢霜白，星雲最大的貢獻是把中國正統佛教帶到台灣來，將一片缺少法雨滋潤的沙漠，灌溉成菩提花果的淨土，同時爲佛教走出一條現代化之路。所謂「教義是傳統的，形式是現代的；思想是出世的，事業是入世的；生活是保守的；弘法是進步的」，使得國內信佛、學佛風氣大開，甚至有人推崇：「如果沒有星雲大師，就沒有慈濟功德會，沒有法鼓山，沒有現在台灣的佛教。」

第二個貢獻是延續法脈及人才培育。特別在提升比丘尼地位、尊重比丘尼智慧與能力這方面，放眼今天男性法師大德，幾乎無人有此遠見氣度。傳統上，佛教僧團以男性爲主，比丘尼一直受壓抑，在泰國、錫蘭及藏傳佛教，出家女眾毫無地位，也不傳比丘尼戒。惟獨在台灣，曉雲法師、證嚴法師成就非凡，佛光山出家眾男女比例爲三比七，第一代的慈莊、慈惠、慈容、慈嘉、慈怡，都是十分出色的比丘尼。星雲相當尊重比丘尼，也肯定比丘尼對台灣佛教的貢獻。尤其值得一提的是，世界佛教會幹部，大多由南傳國家出家眾擔任，一向爲女性禁地，在星雲支持下，卻於大會中主動提名，並一致通過慈惠法師擔任世佛會副會長。這是比丘尼地位畫時代的突破。

中生代佛弟子昭慧法師由衷讚歎：「他真正做到了佛陀所説的眾生平等。」

貢獻之三是爲佛教樹立了一個僧信有序、互相尊重的典範。歷史上，不論道心深淺、修行功力如何，剃了頭的出家人，地位必定高於在家居士，造成僧信二眾的對立疏離。然而由星雲以身作則，佛光山沒有階級意識，「道場不能沒有信徒，如同國家不能沒有人民，僧信團結，佛教才有力量。」最近國際佛光會甚至遴選了一批在家居士，如陳履安、趙寧、陳順章、曾梁源、黃麗明、胡秀卿、張廼彬、鄭羽書、孫春華等人，聘爲檀講師、檀教師。他們和出家人一樣，有資格到各地弘法傳教，就是肯定在家眾的能力與貢獻。

時勢英雄相輝映

跨出宗教範圍，星雲大師對國家社會亦直接間接付出很多。

在台灣，分布基層的四百多萬佛教徒，可說是社會穩定的磐石，尤其是近幾年來高層政治擾亂爭鬥，經濟一路低迷，社會治安不良，所幸有佛教徒從中調和，形成重要的安定力量。尤其在消除省籍成見上，佛教發揮了很大作用：星雲是外省人，本省籍信徒卻占多數；證嚴法師爲台灣人，慈濟功德會中也有不少外省人。

在海外，各地道場及國際佛光會，正默默進行實質的國民外交，提升台灣國際形象。背後所代表的是台灣二千萬人、四十年來奮鬥的結果；從法國的古堡、澳洲的草原到南非的沙漠，星雲以及弟子、信徒正點點滴滴洗刷中國人百年來的抑鬱，讓炎黃子孫在世界上揚眉吐氣。

「從遠處著眼，從近處著手，從疑處用心，從拙處力行」，這就是星雲的行事原則。

星雲這位傑出的宗教領袖，是台灣社會發展之下，時勢所造的英雄；而他把佛教發揚光大，帶入六大洲，又是英雄造時勢。裕隆汽車公司董事長吳舜文女士，有一次接受電視訪問時說：「作牧師就要作周聯華，作和尚就要作星雲大師。」

譽之所至，謗亦隨之

如同歷史上許多「功成名就」的人，總是「譽之所至，謗亦隨之」，種種有關星雲是政治和尚、商業化、不清修……的說法，讓他成爲爭議性人物。然而，芸芸眾生同行，終究各走各的，星雲大師半生故事中，也側寫出世俗間不同的觀點。有人在大雄寶殿裏殷殷留連，期待大師出現一睹風采；有人則在不二門外嗤笑鋼筋混凝土塑的佛像不夠古樸靈氣。有人在弘法會上聆經悟道，淚流懺情；有人卻因星雲國民黨中評委的名銜不表苟同。有人虔誠的捐十元百元，以爲自己及家人耕耘福田；也有人豎起一面以「佛光」爲名的招牌，包攬生意。有人三步一拜、焚香頂禮；也有人每見一本功德簿就懷疑他蓄了多少私產。

人們慣於塑造偶像，又慣於對偶像求全責備、猜疑臆度，何嘗問過這豈是那位「偶像」的本願呢？

「我何人也，一個平凡僧伽而已！一個農村子弟而已！」對於星雲大師而言，種種毀譽，恰如飛鴻雪泥。只因他對自己的一生早已有定見。

一天，在高速公路上收聽氣象報告：「據衛星雲圖顯示……」隨行的慈容法師突然問道：「師父，師公給您取的法號是『今覺』，後來您自己又改爲『星雲』，有什麼典故嗎？」「在叢林求學時，記得有一陣子，正在學查王雲五的四角號碼，有一次查到『星雲團』，上面的解釋是：宇宙未形成之前，無數雲霧狀的星體結合，又大、又古老、又無際，非常欣賞這種寬廣、浩大又無邊的境界，也自許在黑暗中給人光明，以及飄然不受拘束，就把自己的法號取爲『星雲』。」

旅美大陸畫家李自健曾替他畫過一幅肖像，他在上面親筆題了一首詩：「問彼何人也，佛光山上人；開宗廿七載，說法四十秋。課徒千餘眾，分燈五大洲。化身無盡藏，普爲淨世儔。」可說是他一生的寫照。

開佛教五百年新運

走過一個動盪的大時代，星雲大師來自平凡，卻以寬廣的氣度、長遠的眼光、敏銳的感覺、全力以赴的決心，成就了不平凡的一生。

紐約大學歷史教授，也是名作家唐德剛，曾在一篇名爲〈佛教今後的五百年〉的文章中，對星雲做出了幾乎是結論性的評價。

「在教授『世界通史』有關世界性大宗教課題時，我總要學子記住中國古語『五百年必有王者興』，以後聽課就容易入門了。」

「世界上宗教開山大師之年歲，屬西方人每年都恭賀『聖誕』的耶穌最易記憶。

從耶穌上溯五百年，便是釋迦牟尼佛（西元前五六三—四八三年）和老子、孔子。釋老孔再溯千年，便是猶太教始祖摩西的時代了。

「自耶穌下延五百年便是……回教始祖穆罕默德（五七〇—六三〇）的時代。千年後，天主教出現了馬丁路德（一四八三—一五四六）成爲基督新教的一世祖。今距『宗教改革』（一五二〇）又近五百年，宗教界顯然又要再度產生一位『起畫時代作用』的領袖了。」

「環顧當今世界思想文化、政治經濟發展的情況，預知此一新機運，應產生於佛教圈中。……今佛教在東南亞地區迅速發展，並向五大洲深入發展，其來勢之猛和條件之優越，遠在『宗教改革』之上。」

「如今由於『太平洋圈』中四條小龍（三龍為華裔，一龍為近支）之崛起，大陸亦急起直追，中產階級已迫入而來，且需屬於他們的宗教——一個能適應現代生活方式，積極『入家』的佛教，而非偏重深山古廟『出家』的傳統佛教，因此一個佛教中的『宗教改革』和一個佛門中的馬丁路德，已應運而生。」

「此項佛門新運是『二乘』（大小乘）、『十宗』歸一的統一運動。鑑往知來，看今日之趨勢，此一運動之席捲中國，震撼五洲，蓋無人可遏阻之。積數年之深入觀察與普遍訪問，余知肩荷此項天降之大任，爲今世佛教開五百年之新運者，『佛光宗』開山之祖星雲大師外，不作第二人想……。」唐德剛教授如此總結。

願生生世世作和尚

誠如老母親把兒子送給了大眾，星雲也把自己交給了眾生。一生只做過一次選擇（出家），有無遺憾？問他，若歲月能重新再來過，他要怎樣度此一生？「我一生中最大的幸福是當和尚，但願來生，還能再作和尚，甚至生生世世我都要作和尚。」

清朝順治皇帝讚僧詩云：「黃金白玉非爲貴，惟有袈裟披肩難。」

星雲大師，出家乃大丈夫事，非將相所能爲。

乘願再來時，依然無悔！

附錄

附錄一　星雲大師大事年表

西元　一九二七年

民國　十六年　農曆七月二十二日生於江蘇省江都縣，俗名李國深。父李公諱成保，母親劉玉英。排行第三，上有一兄一姐，下有一弟。

二十年　開始隨信佛的外祖母茹素。

二十三年　入私塾讀書。

二十六年　父親至南京行商失蹤。

二十八年　隨母至南京尋父，於南京棲霞山寺披剃出家，拜志開上人爲師。法名悟徹，號今覺。祖庭爲宜興大覺寺，爲禪門臨濟宗第四十八代弟子。

三十年　在棲霞山寺受具足大戒，成爲正式的比丘。

三十三年　在常州天寧寺參學。

三十四年　轉往焦山佛學院就讀。

三十六年　至宜興白塔山大覺寺，任白塔國民小學校長。與同學智勇法師創辦《怒濤月刊》，曾遭共產黨逮捕。

西元一九四八年

民國三十七年　任南京華藏寺監院，兼主編《徐報》〈霞光〉副刊。

三十八年　隨僧侶救護隊來台，於基隆下船。被誣爲匪諜，與慈航法師等人一同被補，入獄二十三天。

三十九年　受妙果老和尚收留，落腳於中壢圓光寺。其間至苗栗法雲寺看守山林三個月，開始寫作《無聲息的歌唱》一書。

四十年　大醒法師舉辦「台灣省佛教講習會」，應聘爲教務主任。主編《人生》月刊。學習日文。

四十一年　以二十六歲之年當選中國佛教會常務理事。發起救濟花蓮震災。

四十二年　應李決和居士等人之邀，至宜蘭雷音寺講經弘法。《觀世音普門品講話》一書出版。

四十三年　正式駐錫宜蘭雷音寺。經常作鄉村弘法、監獄佈教。慈莊、慈惠、慈容皈依三寶。

四十四年　環島佈教宣傳影印大藏經，雙腿染上風濕炎，幾乎殘障終生。在高雄創立高雄佛教堂。《釋迦牟尼佛傳》出版，爲佛教書籍的第一本精裝書。

西元　一九五六年

民國　四十五年　宜蘭唸佛會講堂落成。創辦佛教第一所幼稚園——「慈愛幼稚園」。創設光華文理補習班。擔任監獄教誨師。

四十六年　出版《玉琳國師》一書。《覺世》旬刊創刊，出任總編輯。

四十七年　爲中國佛教會在台北辦「護國息災法會」。心平剃髮出家。

四十八年　支援西藏佛教抗暴及佛誕節，首創花車遊行。於台北三重設佛教文化服務處。出版《十大弟子傳》。

四十九年　出版《八大人覺經十講》。

五十年　擔任《今日佛教》發行人。領導宜蘭青年歌詠隊灌製全台灣第一組佛教唱片六張。

五十一年　接辦《覺世》旬刊，任發行人。

五十二年　與白聖法師等人組成「中華民國佛教訪問團」，訪問泰國、印度、馬來西亞、新加坡、菲律賓、日本、香港等地。會見泰皇蒲美蓬、印度總理尼赫魯及菲律賓總統馬嘉柏臯等人。在印度要求

（五十三年）釋放七百名被捕華人，並救出高雄漁船兩艘。

五十三年　高雄壽山寺落成，創壽山佛學院。與悟一、南亭兩法師合作創辦智光工商學校。出版《海天遊蹤》。編印中英對照佛學叢書。

西元　一九六五年

民國

五十四年　出版《覺世論叢》。

五十六年　佛光山開山創建。壽山佛學院更名爲「東方佛教學院」。自基督教手中接辦一所救濟院，更名爲「宜蘭仁愛之家」，收容孤貧老人。

五十八年　舉辦第一屆佛光山大專佛學夏令營。首創兒童星期學校。建佛光山朝山會館。

五十九年　創大慈育幼院。成立朝山團。

六十年　大悲殿落成及佛像開光。創建台北普門精舍，爲日後普門寺的前身。當選中日佛教促進會會長。

六十一年　制訂佛光山宗務委員會組織章程，自此，佛光山成爲有制度、有組織的現代教團。

六十二年　時任行政院院長的蔣經國先生首訪佛光山。東山籃球場正式啓用。創佛光山叢林大學院，接受內政部建議改名爲「中國佛教研究院」。

西元　一九七四年

民國　六十三年　彰化福山寺破土開工。

六十四年　接引大佛及大雄寶殿奠基典禮。於國立藝術館舉行三天的佛學講座，這是國內第一次在國家會堂作佛學演講。

六十五年　首次訪美弘法，參加美國開國二〇〇週年慶典。舉辦「老年夏令營」。創辦英語佛學中心。《佛光學報》創刊，任發行人。在高雄壽山寺內開設佛光施診所。佛教普門醫院開幕。

六十六年　於台北中山堂舉行佛學講座。創辦普門中學。成立《佛光大藏經》編印處。中國佛教研究院與美國東方大學締結姐妹學校。傳授萬佛三壇大戒，被譽爲模範戒期。

六十七年　蔣經國先生任總統後再次造訪佛光山。於國父紀念館舉行「自強救國弘法大會」。籌設中國佛教青年會。獲美國東方大學頒授榮譽博士學位。任國際佛教促進會首任會長。籌設美國西來寺。

六十八年　中美斷交，於國父紀念館舉行佛教梵唄音樂會，全山大眾並集資一百萬元，捐作自強救國基金。《普門》雜誌創刊。佛教電視節目「甘露」於華視播出。組織佛光山朝聖團至印度朝聖。首創佛教兒童夏令營。根據《玉琳國師》一書改編的舞台劇「千金小姐萬金和尚」於國立藝術館演出。

西元一九八〇年

民國六十九年　發行第一套佛教書籤及月曆。任中國文化大學印度研究所所長。「信心門」節目於中視播出。

七十年　辦媽媽夏令營。應邀至東海大學教授「佛教與人生哲學」。

七十一年　與韓國通度寺結爲兄弟寺。召開第五屆國際佛教學術會議。

七十二年　獲法務部頒「教化有功」獎。教育部頒社會教育獎。

七十三年　會見達賴喇嘛。成立雲水醫院、施診醫療隊。於高雄普賢寺首創都市佛學院。

七十四年　召開世界佛教青年學術會議。卸下佛光山住持之職，傳位給大弟子心平和尚。在洛杉磯西來寺閉關。任中華漢藏文化協會理事長。台視播出「六祖壇經」。公共電視播出「星雲大師佛學講座」，獲新聞局頒社會建設金鐘獎。

七十五年　世界顯密佛學會議於佛光山舉行。任國民黨黨務顧問。開始每年在高雄中正文化中心舉行講座。

西元　一九八七年

民國　七十六年　於洛杉磯成立美國佛教青年總會，當選第一任會長。受印度信徒之邀接辦印度鹿野苑中華佛寺。「星雲禪話」在台視播出。

七十七年　西來寺落成，於西來寺舉辦第十六屆世界佛教徒友誼大會、第七屆世界佛教青年友誼會。為美國加州州議會及洛杉磯市議會主持開議灑淨祈福。首次赴香港在大會堂弘法。第一次全省托缽行腳，所得淨款成立佛光山文教基金會。率佛光山弘法義診團至泰北。《佛光大辭典》榮獲行政院新聞局金鼎獎。

七十八年　於佛光山舉行國際禪學會議。以國際佛教促進會的名義，率弘法探親團赴中國大陸，回棲霞寺祭掃歷代師祖靈骨塔，並回江都探視高齡母親。達賴喇嘛訪西來寺。「星雲禪話」獲新聞局頒社會建設金鐘獎。應國防部之邀，巡迴三軍官校及各部隊宣講佛法。

七十九年　應邀參加美國總統布希就職大典。接母親來台灣小住。中共前新華社香港分社社長許家屯自港赴美旅遊休息，由西來寺暫時接待。開始一年一度在香港紅磡體育館舉行三天大型佛學講座。率「歐洲訪問團」訪英國、荷蘭、比利時、法國、瑞士、奧地利、南斯拉夫、義大利等地弘法。在澳洲雪梨獲當地政府捐地三十六畝，籌建南天寺。

西元 一九九一年

民國 八十年 西來大學正式開學，暫借西來寺上課。中華佛光協會成立。發起「佛力平正二二八死難同胞慰靈法會」。大陸水災，號召佛光會會員捐款賑災。不慎跌傷右腿，住院開刀治療。華視播出「星雲法語」。在法國巴黎以古堡設立道場，開始向歐陸弘傳佛法。

八十一年 國際佛光會世界總會成立，於西來寺召開第一次代表大會。巴西張勝凱居士捨宅為寺，為佛光山在南美洲開設的第一所道場——如來寺。南非國會議長漢尼．幸尼柯爾博士來佛光山，面邀前往約翰尼斯堡建南華寺，是中國佛教弘傳非洲土地的第一步。連續二年獲教育部頒發「社會教育有功團體獎」。佛光山文教基金會榮獲第二屆「和風獎」、「傑出社會風氣改善獎」。

八十二年 根據《玉琳國師》改編的電視連續劇「再世情緣」於中視播出。第二屆國際佛光會大會於台北舉行。向教育部申請設立佛光大學，並獲准籌設，接著位於宜蘭礁溪林美鄉的佛光大學破土。「佛光會」連續榮獲內政部頒發「全國績優社會團體獎」。

西元　一九九四年

民國　八十三年

為籌措佛光大學經費，舉行書畫義賣。台北道場落成啓用。美國德州首府奧斯汀市長贈市鑰，並成為榮譽市民。華視「星雲法語」榮獲新聞局頒發社會建設金鐘獎。國際佛光會第三屆大會於加拿大溫哥華舉行。李登輝總統點名要求佛光山賑濟「八一二」水災。台視播出「星雲說喻」。出版《星雲日記》二十冊。南非原住民多人剃度為僧，皈依座下。現任世界佛教徒友誼會名譽會長，國際佛光會世界總會會長。

附錄二　佛光山派下海內外道場分布狀況

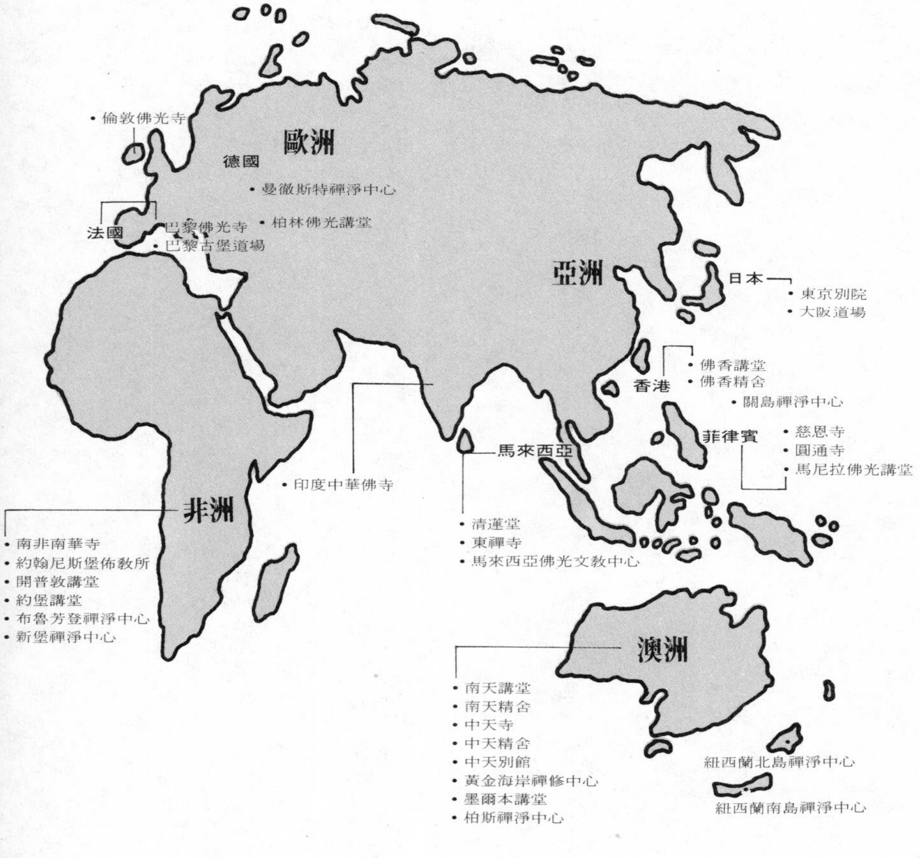

歐洲
德國
• 曼徹斯特禪淨中心
• 柏林佛光講堂
• 倫敦佛光寺
法國
• 巴黎佛光寺
• 巴黎古堡道場
亞洲
日本
• 東京別院
• 大阪道場
香港
• 佛香講堂
• 佛香精舍
• 關島禪淨中心
菲律賓
• 慈恩寺
• 圓通寺
• 馬尼拉佛光講堂
馬來西亞
• 清蓮堂
• 東禪寺
• 馬來西亞佛光文教中心
• 印度中華佛寺
非洲
• 南非南華寺
• 約翰尼斯堡佈教所
• 開普敦講堂
• 約堡講堂
• 布魯芳登禪淨中心
• 新堡禪淨中心
澳洲
• 南天講堂
• 南天精舍
• 中天寺
• 中天精舍
• 中天別館
• 黃金海岸禪修中心
• 墨爾本講堂
• 柏斯禪淨中心
紐西蘭北島禪淨中心
紐西蘭南島禪淨中心

佛光山派下海內外道場分布狀況

註：海外共五十個

註：國內共四十五個

普門寺
台北道場
內湖禪淨中心
安國寺
桃園講堂
台北市
基隆市
極樂寺
法寶寺
無量壽圖書館
桃園縣
台北縣
新竹市
北海道場
永和禪淨中心
三重禪淨中心
泰山禪淨中心
新莊禪淨中心
板橋講堂
頭份禪淨中心
明崇寺
苗栗講堂
新竹縣
宜蘭縣
苗栗縣
雷音寺
圓明寺
仁愛之家
靈山寺
台中市
東海道場
豐原禪淨中心
台中縣
福山寺
彰化講堂
員林講堂
彰化縣
壽豐精舍
花蓮禪淨中心
南投縣
海天佛刹
信願寺
北港禪淨中心
花蓮縣
雲林縣
澎湖縣
嘉義縣
圓福寺
嘉義市
台南縣
佛光山寺（總本山）
岡山禪淨中心
高雄縣
台南市
台東縣
慧慈寺
福國寺
台南講堂
永康禪淨中心
新營講堂
高雄市
屏東縣
台東禪淨中心
普賢寺
壽山寺
右昌禪淨中心
小港講堂
屏東講堂

附錄三　國際佛光會世界分布圖

瑞典
倫敦
挪威
丹麥
歐洲
莫斯科
荷蘭
馬里揚諾斯科
比利時
德國
瑞士
法國
南斯拉夫
亞洲
韓國
尼泊爾
不丹
日本
拉達克
鹿野苑
大吉嶺
菩提迦耶
金門
德里
孟加拉
中華
錫金
越南
馬哈拉士達
非洲
安特拉
香港
緬甸
關島
澳門
邦格羅
馬德拉斯
泰國
菲律賓
斯里蘭卡
馬來西亞
汶萊
剛果
新加坡
新堡
印尼
普利多利亞
布魯芳登
約翰尼斯堡
賴索托
德本
開普敦
昆士蘭
柏斯
澳洲
雪梨
維多利亞省
坎培拉
紐西蘭北島
紐西蘭南島

國際佛光會世界分布圖

愛民頓
北美洲
溫哥華
魁北克
渥太華
蒙特婁
多倫多
內華達州
紐約
康州
舊金山
科州
費城
洛杉磯
北卡
哈里法克斯
紐澤西州
聖地牙哥
奧斯汀
達拉斯
鳳凰城
休士頓
佛州
夏威夷
哥斯大黎加
貝里斯
多米尼克
南美洲
巴西
巴拉圭
阿根廷

附錄四　常見佛教名詞淺釋

八宗：指佛教流傳於我國之大乘八宗派——律宗、三論宗、淨土宗、禪宗、天台宗、華嚴宗、法相宗、密宗。

十方：指東、西、南、北、東南、西南、東北、西北及上、下。佛教主張有十方無數世界，稱爲十方世界。其中的諸佛及眾生，則稱爲十方諸佛、十方眾生。

十方叢林：廣請諸方大德高僧爲住持，非由徒弟繼承之禪宗寺院。叢林用以比喻僧眾和合居於一處，有規矩法度，不亂生長。

子孫叢林：依師家法系傳法予弟子，由弟子繼任住持者，稱爲子孫叢林。

威儀：佛弟子日常坐作進退有威德儀則，稱爲威儀。

三武一宗法難：指我國歷史上皇帝迫害佛教最嚴重的四次災難：一、北魏太武帝太平真君七年（四四六）；二、北周武帝建德二年（五七三）；三、唐武宗會昌五年（八四五）及後周世宗顯德二年（九五五）。上述四次法難中，前二次基於思想上之原因；後二次基於經濟上的理由。受到的破壞主要是毀壞經典圖像，誅殺出家人，或強迫其還俗。

三壇大戒：我國特有的授戒儀式，分初壇正授、二壇正授、三壇正授三階段。分別授沙彌（尼）戒、比丘（尼）戒及出家菩薩戒。必須受足此三壇大戒，始被公認爲合格大乘出家人。

皈依：又作歸依、三皈依。指歸投、依靠三寶，並請求救護，以解脫輪迴之苦。三寶指佛寶、法寶、僧寶。皈依是成爲佛教徒所必經的儀式。

和尚：對德高望重之出家人的尊稱。有「親教師」、「大眾之師」的意思。日本的佛教僧官階位中，有「大和尚位」、「和尚位」等稱呼。

願力：「願」指佛及菩薩於過去世未成佛果以前，爲救度眾生所發的誓願；成就佛果之後，這個誓願乃發顯威力。一切善惡凡夫，可憑藉這種力量，往生淨土。

大乘、小乘：「乘」指交通工具，比喻能將眾生由煩惱之此岸，載至覺悟之彼岸。小乘教義以自求解脫、開悟證果爲目標，屬於原始佛教，爲大乘思想的基礎。大乘教義主張自利利他、自覺覺他的菩薩道，而不僅是獨善其身。

小參、開大座：均爲禪門用語。前者指無定所、視眾多寡，隨機而說，內容包括法語、日常細瑣，又稱家教、家訓。開大座則是正式升堂說法。

開示：開，開發之意，即破除眾生無明煩惱，開發心內寶藏。示，顯示之意，即惑障既除，法界萬德顯示分明。

不二法門：指超越相對、差別之一切絕對、平等真理的教法，真正能使人直見聖道的方法。今俗語多引用解釋爲學習某種學問技術的惟一方法。

不可說：謂只可以自己去體悟，而不能用言語詮釋的真理。例如讚佛之功德，非言語所能窮盡時亦用此語。

五戒：爲在家佛教徒所受的五種戒制——一、戒殺生；二、戒偷盜；三、戒邪淫；四、戒妄語；五、戒飲酒。但皈依之後不一定要受五戒，五戒也可以分別受持。

五葷：又作「五辛」，指五種有辛臭味的蔬菜，與酒、肉同爲佛弟子禁食的食物。一般認爲指葱、蒜、韮、大蒜、胡荽等五種。

六根清淨：指六種感覺器官或認識能力：眼根、耳根、鼻根、舌根、身根、意根（思維）。如果這六根清淨無雜念，就會充滿種種功德。

六神通：指六種超越凡人的能力——一、神足通：自由無礙隨心所欲現身；二、天眼通：能見世間一切形形色色及六道生死苦樂；三、天耳通：能聽見世間種種聲音；四、他心通：能知眾生心裏想的事；五、宿命通：能知自己與眾生的前世今生；六、漏盡通：能斷盡一切煩惱，不受生死迷惑。

六道輪迴：六道又作六趣，即眾生分別由於未盡的業，在六種世界中受無窮流轉、生死輪迴之苦。六道爲：地獄道、餓鬼道、畜生道、修羅道、人間道、天道。前三者稱爲三惡道，後三者稱爲三善道。若是開悟的聖者，則不再於六道輪迴，而升上至聲聞界、緣覺界、菩薩界、佛界。前者六迷界（凡）加上後者四悟界（聖），即爲十法界。

天龍八部：指守護佛法的諸神，歸化於佛的威德之下，護持佛及佛法。分別爲天、龍、夜叉、乾闥婆（香神或樂神）、阿修羅、迦樓羅（金翅鳥）、緊那羅（歌神）、摩睺羅伽（大蟒神）。

灌頂：以水澆於頭頂之儀式，表示祝福。包括一、結緣灌頂：不分僧俗，均可由灌頂廣結佛緣。二、學法灌頂：施於欲學法的弟子；三、傳法灌頂：如修行之人，欲爲人師，即須受傳法灌頂；爲灌頂中最極奧祕的一種

方外之交：方，「道」也，道外之人，多指捨世之人，後世用以稱佛教出家人。士子俗人與出家人交遊往來，乃世俗以外之友，故稱方外之交。

方丈：印度僧房多以四方各一丈爲制。一丈四方之室，即禪寺中住持之居室或客房。今轉引申爲對禪林住持的尊稱，俗稱「方丈」或「方丈和尚」。

比丘、比丘尼：爲出家得度、受具足戒之男女。前者指男子；後者指女子。

出世：原做出世間，世間有世俗之事，出世間即指佛法；世間表示有煩惱，出世間

表示解脫煩惱。亦即超越世俗、出離塵世之意。相對即爲「入世」。

加持：攝持、護念之意，佛菩薩以不可思議的力量，保護眾生。加持亦有祈禱之意。

加被：指佛菩薩以慈悲心加護眾生。

功德：指功能福德，即行善以獲得之果報。功德主即施主，供養佛、法、僧三寶之人。眾生供養三寶，可以生出無量福報，有如在田中布下善種，來日收穫善果，故稱「功德田」。

四大皆空：佛教主張世界萬物，包括人的身體，皆由地、水、火、風之四大元素和合而成。而這四大的本質均爲空假，終將幻滅空寂，而非恆久不變。此「四大」非一般人引申的酒、色、財、氣。

四大金剛：金剛喻堅固、銳利的武器，也是光耀璀燦的寶石，有摧破眾生煩惱、去除業障的含義。寺院中的四天王像，俗稱爲四大金剛。四天王爲持國（東方）、增長（南方）、廣目（西方）、多聞（北方）四大天王。他們居住在須彌山四方之山腹，常守護佛法，令諸惡鬼神不得侵害眾生。

外道：與儒家所說的「異端」相當，佛教是以心內求法；而心外求法的異見、邪說，皆稱爲外道。

布施：以慈悲而施福利與人之義。施人衣、食、錢，稱爲「財布施」。向人宣說正法稱爲「法布施」。使人遠離種種恐怖稱爲「無畏布施」。

打七：指修行者爲求在短期之內得到較佳的修行效果，常作一定限期之修行，通常多以七爲日期，稱爲「打七」，又稱「結七」。如於七日中專修唸佛法門者，稱爲「打佛七」；專修禪宗法門者，稱爲「打禪七」。

末法時代：指佛法衰頹的時代，即佛法滅盡後的一萬年間。末法思想促成此一時期佛教徒之反省與奮起，尋求解決、挽救之方法。

正果：謂學佛證得之果，有別於外道的盲修瞎練，故謂之正。果者，證悟、結實之義。

甘露：即不死之神藥、天上之靈酒。甘露法水指如來的教誨法味清淨，長養眾生的身心，有如甘露。

同體大悲：把一切眾生視爲與自己同體，而生起拔苦與樂、平等絕對的悲心。

合掌：又稱「合十」，即合併兩掌、集中心思，而恭敬禮拜之意本爲印度古禮，佛教亦沿用。

因果：指原因與結果。眾生種下善的業因，必有善的果報，即爲善因樂果。若種惡的業因有惡的果報，即惡因苦果。一切世間均是由因果之理而生成，這乃是佛教教義中的基本理論。

因緣：因是指產生結果的直接內在原因，如種子；緣是指外來相助的間接原因，如水、陽光。俗話說：「善有善報、惡有惡報，不是不報，時候未到」，「時候未到」，即指外來間接原因尚不成熟、不具足，使得果報無法顯現。

回向：又作「迴向」，以自己所修的善根功德，回轉給眾生，以利益他人，並共向佛道。

在家人：又稱「白衣」，相對於「出家人」。在家而皈依佛教，受持五戒者，男眾稱為優婆塞，女眾稱為優婆夷。佛教雖然認為在家易於沈緬物慾、妨礙修行，但如維摩居士、勝鬘夫人均為在家人證果之典型。

托缽：又作乞食、持缽。以手承缽遊行市街，以化緣乞食。這是印度僧人為資養色身所作之行為。傳到中國，在禪林中，用齋之時，持缽至齋堂用餐，也稱托缽。

自在：即自由自在，隨心所欲，做任何事均無障礙，佛法稱為「自在人」。

色即是空，空即是色：語出玄奘大師所譯的《般若心經》。色，即物質之總稱，謂一切現象均為空幻，無有實體，也非固定不變。

行堂：佛教叢林中，每日用齋時，為大眾添飯菜、倒茶水的工作叫做「行堂」。

行腳：又作「遊方」。謂僧侶無一定居所，或為尋訪名師，或為自我修持，或為教化他人，而廣遊四方。遊方僧亦稱爲「行腳僧」，與禪宗弟子四處去參禪學道如雲如水、居無定處的「雲水」同義。

西方三聖：指阿彌陀佛、觀世音菩薩及大勢至菩薩三位聖者。阿彌陀佛爲西方極樂世界的教主。不少世人修行的終極目標即是想往生西方極樂淨土。

住持：原爲久住護持佛法之意，後來指掌管一寺之僧。佛教傳入我國，未有住持之名，直到唐代，禪風漸興，徒眾日增，百丈懷海禪師始設住持之職，後亦稱方丈。

坐禪：端身正坐而入禪定。盤腿而坐，不起思慮分別，原係印度自古以來所行之內省法，釋尊成道之時，於菩提樹下端坐靜思，爲佛教坐禪之始。

沙彌、沙彌尼：指佛教僧團中之受十戒，年齡在七至二十歲之間的出家男女。男子稱爲沙彌，女子稱爲沙彌尼。梵語有精勤策勵他們進一步爲比丘、比丘尼的意思。

供養：指提供食物、衣服等給佛法僧三寶、師長、父母、亡者等。也包含精神供養，例如恭敬、讚歎、禮拜等。

典座：禪林中負責飲食的職務。自古該職即極受重視，通常推舉志行高潔之僧任之。

居士：泛指在家修道之男士。

往生：意思是命終時往生去他方世界，爲佛門中「死」的代用詞。

波羅蜜：原爲梵語音譯，即自生死迷界之此岸達到涅槃解脫的彼岸。有最上、終極、圓滿的意思。

舍利（子）：有修行者，往生火化後的遺骨。通常稱佛陀遺骨爲佛骨、佛舍利。其後亦指高僧死後焚燒所遺之骨頭。

施主：施予僧眾衣食或出資舉行法會的信眾。現在一切布施者均可稱施主；又稱檀那、檀信。

苦行僧：又稱爲「頭陀」，即斷除肉體欲望，堪忍諸種難忍之苦行的僧人。即以苦行爲修行法門的僧眾。

飛天：飛行於空中，以歌舞香花等供養諸佛菩薩的天人。現今各個佛教遺跡中，不乏繪有飛天的壁畫、壁雕。

涅槃：解脫，不生不滅完成悟智之境地。此境界已超越生死，亦爲佛教終極之實踐目的。

般若：能夠明見一切事物及道理的高深智慧，即稱般若（因「智慧」有善惡，「般若」爲純善，故不譯「智慧」而譯「般若」）。

唵嘛呢叭咪吽：ㄨㄥ ㄇㄚ ㄋㄧ ㄅㄚ ㄇㄧ ㄏㄨㄥ，意爲「歸依蓮華上的摩尼珠」。即西藏佛教徒向蓮華手菩薩禮求未來往生西方極樂世界時所唱的六字明咒。藏人相信唱此明咒可以出離生死，智慧解脫。

常住：叢林中的職務名稱，指擔任支配、運行日常事務之住眾爲常住，通稱寺廟道場。

掛單：又作「掛搭」。僧人遊方行腳，入僧堂後掛其所攜之衣被於堂內之鈎上，有落腳於叢林之意味。禪門稱允許遊方僧人住下來，稱爲允許其掛單。

喇嘛：爲我國藏、蒙兩族對僧侶之尊稱，有「上人」、「上師」之意。

菩提：乃斷絕世間煩惱而成就涅槃之智慧。佛成道之處稱爲菩提道場，樹則稱爲菩提樹。

開光：又作「開眼」，即新佛像、佛畫完成，而欲置於佛堂時，所舉行替佛像開眼的儀式，一般經過這個儀式，佛像的神聖性才被人所接受。

傳燈：與「傳法」同義，謂法脈轉布相傳而不絕，猶如燈火相續而不滅。又因佛法像明燈，故將傳法稱爲傳燈。

業：意謂身體、言語、意志等身心活動所產生的力量，業有善業與惡業，人的一生皆由業力引導，是佛教輪迴思想中非常重要的概念。因爲業而沿續出來的則爲業報。

慈航普渡：佛、菩薩以塵世爲苦海，以慈悲救度眾生，出離生死海，猶如以舟航渡人，故稱慈航普渡。

隨喜：爲隨己所喜之意，如以布施爲例，富者施金帛，貧者施水草，各隨所喜，皆爲布施。

齋僧：設齋食供養眾僧，可以入寺供養或延僧至俗家供養。

南無阿彌陀佛：南無即「皈依」之意。此六字名號意謂「皈依無量光、無量壽的覺者」。阿彌陀經說，專注唸此名號，可得到六方恆河沙（眾多）諸佛的護念，所以廬山慧遠等法師倡議以唸佛往生西方淨土。

附錄五　星雲大師文集

【星雲大師文集】

□觀世音菩薩普門品講話（一九五三年三月出版）
□無聲息的歌唱（一九五三年七月出版）
□釋迦牟尼佛傳（一九五五年八月出版）
□玉琳國師（一九五四年五月出版）
□十大弟子傳（一九五九年三月出版）
□八大人覺經十講（一九六〇年七月出版）
□海天遊蹤（一九六四年一月出版）
□覺世論叢（一九六五年七月出版）
□星雲大師演講集㈠（一九七九年三月出版）
□星雲大師演講集㈡（一九八二年十一月出版）
□星雲大師演講集㈢（一九八七年十月出版）
□星雲大師演講集㈣（一九九一年十一月出版）
□星雲禪話㈠（一九八七年八月出版）
□星雲禪話㈡（一九八七年八月出版）

□星雲禪話㈢（一九八七年八月出版）
□星雲禪話㈣（一九八九年八月出版）
□星雲說偈㈠（一九九二年八月出版）
□星雲說偈㈡（一九九二年八月出版）
□星雲法語㈠（一九九三年三月出版）
□星雲法語㈡（一九九三年三月出版）
□心甘情願（一九九三年九月出版）
□皆大歡喜（一九九四年八月出版）
□星雲日記二十冊（一九九四年六月出版）
□與人為善（一九九五年七月出版）

讀後心得

天下文化 新書推薦

GB048、GB049

歡喜人間(上)(下)

星雲大師 著

●定價各二五〇元

這是一本闡揚人間佛教積極入世，享有人間、歡喜修行的書。

在「生」的佛教裏，人們不必避居山林，也不一定要落髮出家，更無需襤衣饑腹，方能成爲修行之人。每日的行住坐臥、工作、人我交往，無不是修行的好時機。在這充滿音聲與色彩的世間，事事有佛法，處處有禪機。修行非消極逃避。佛教徒必須積極入世，關心社會、政治、經濟、環保……。佛教徒不能不問世事。

這是融合理想與現實的生活宗教，是時代的潮流，也是人類之所需——它淨化了人心，更予人無限的信心、歡喜、希望與方便。

GB040

無愧

——郝柏村的政治之旅

王力行 著

●定價三六〇元

民國七十七年經國先生逝世後，台灣在邁向民主化的過程中，執政黨與整個社會都面臨了一波波的衝擊。在這樣關鍵的年代裏「出將入相」的郝柏村，於二年九個月的行政院長任內，極力推行安定、民主、法治、建設、統一的施政理念，政績普遍受到肯定。結果卻不得不在暗潮洶湧的政治旋渦中，慨然辭去閣揆一職。

這樣一位政治轉折期核心人物，深感「是非求之於心」，以「無愧」爲這段政治之旅下了注解。若想深入了解台灣過去三年來政治、經濟、社會發展與變遷，這本書提供了有力的觀察面向。

GB050

報人王惕吾

——聯合報的故事

王麗美 著

●定價三六〇元

三十八歲轉業辦報，從投資兩百令紙、三萬元資金起步，八十一歲退休交棒時，聯合報已發展成今日全球最大的中文報系，一向以報人自居的王惕吾，其實也是一位成就斐然的企業家，在報業經營上，走出一片寬闊的天地。

身爲聯合報系領航人的王惕吾，如何在嚴厲的政治氣壓與報禁下，掌握新聞自由的分寸?早年如何突破重重限制，將有限資源做最大的運用?之後如何步上國際舞台，將聯合報發展成環球企業?王惕吾獨特的處世哲學、經營智慧與組織長才，都寫在聯合報成長的故事裏。

GB054、GB055

觀念播種
高希均文集Ⅰ
優勢台灣
高希均文集Ⅱ

●定價各二五〇元

觀念足以改變歷史，而歷史由人改寫；把進步的觀念深植人心、深耕國家優勢，正是一個知識分子面對歷史最積極的作爲。本文集共二卷，收錄了經濟學家高希均過去三十年來所發表的一百三十餘篇文章，完整的呈現了作者憂懷民族的熱情與用心。

卷Ⅰ「觀念播種」，包括現代觀念的闡述，經濟問題的分析、企業角色的建議、人力資源的探討，以及對於台灣政局的鞭策。

卷Ⅱ「優勢台灣」，則針對他國的經驗、知識的價值、社會的脈動、生活的素質和中國的前景，提出反省與思考。播種現代觀念、深耕台灣優勢，這套文集記錄著一個知識分子最深切的期許。

GB027

大格局
高希均 著

●定價二二〇元

擁有大格局思考的人，不只想到自己，也想到別人；不只是幫助自己的社會，也要幫助改善別人的國家；不只要改善這一代的百姓，也要改善下一代的子孫。

經濟學家高希均教授，以其一貫「冷靜的腦、熱切的心」，觀察台灣近幾年來的種種現象，提出語重心長的呼籲——讓我們以「大格局」的思路，來建構現代化的觀念；讓我們以「大格局」的眼光，來重新省思「財富」真諦；讓我們以「大格局」的胸懷，來認真看待「中國」的前途；讓我們以「大格局」的氣度，來師法一些頂天立地的傑出人物。這些誠懇的呼籲結集成本書，從「觀念篇」、「經濟篇」、「兩岸篇」、「人物篇」的不同範疇，殊途同歸的引領讀者向「大格局」邁進。

GB051

燈塔的故事
熊秉元 著

●定價二二〇元

燈塔，應該是有助於指點迷津的。可是經濟學裏的燈塔總是讓人如墜五里霧中，不辨西東……。

經濟學真的這麼難懂？這麼令人嫌憎嗎？從本書一則則小故事中，不難發現，經濟學是很「日常生活」的；它自然、親切、貼近你我的生活，只是我們把它刻板化、複雜化了。在「燈塔的故事」裏，順著作者幽默輕鬆的筆風，一個又一個的思辯與觀念分析，從疑難、原委到掙扎、指引，不但點出了經濟學的奧妙與平實，也讓讀者在豁然開朗之餘，再次經歷心智上的洗禮。

書號	書　　名	作者	譯者	定價	備註
GB076	捍衛網路	克里夫·斯多	白方平	420	
GB077	探險天地間—劉其偉傳奇	楊孟瑜		360	
GB078	期待一個城市	黃碧端		280	
GB079	狗兒的祕密生活	湯瑪士	符芝瑛	280	
GB080	千山獨行—蔣緯國的人生之旅	汪士淳		360	
GB081	前進非洲	派克	陳秀娟	360	
GB082	響自心靈的高音—卡列拉斯自傳	卡列拉斯	張劉芬	320	
GB083	小女遊學英倫—教育體制外的一扇窗	陳淑玲	張劉芬	220	
GB084	鬧中取靜	王力行		240	
GB085	誰在乎媒體（原名：第四勢力）	張作錦		250	

天下文化〈社會人文系列〉

書號	書　名	作者	譯者	定價	備註
GB001	我們正在寫歷史—方勵之自選集	方勵之		400	
GB009	蕭乾與文潔若（上、下册）	文潔若		400	
GB013	尋找台灣生命力	小野		200	
GB014	風雨江山—許倬雲的天下事	許倬雲		220	
GB027	大格局	高希均		220	
GB028	智慧新憲章—著作權與現代生活	理律法律事務所		250	
GB030	美麗共生—使用地球者付費	凱恩格斯	徐炳勳	220	
GB033	尋找心中那把尺	熊秉元		220	
GB037	時代七十年	姜敬寬		250	
GB040	無愧—郝柏村的政治之旅	王力行		360	
GB043	活用消費者保護法	理律法律事務所		280	
GB044	無冕王的神話世界	羅文輝		220	
GB046	最後的貓熊	夏勒	張定綺	320	
GB048	歡喜人間（上）	星雲大師		250	
GB049	歡喜人間（下）	星雲大師		250	
GB050	報人王惕吾－聯合報的故事	王麗美		360	
GB051	燈塔的故事	熊秉元		220	
GB053	電腦叛客	海芙納、馬可夫	尚青松	280	
GB054	觀念播種—高希均文集Ⅰ	高希均		250	
GB055	優勢台灣—高希均文集Ⅱ	高希均		250	
GB056	失控—解讀新世紀亂象	布里辛斯基	陳秀娟	250	
GB059	教育改革的省思	郭爲藩		280	
GB060	石油一生—李達海回憶錄	鄧潔華整理		360	
GB061	1895日軍侵台圖紀—台灣民主國抗敵實錄	徐宗懋策畫		360	
GB062	務實的台灣人	徐宗懋		300	
GB063	點滴在心頭—42位身邊人物談二位蔣總統	朱秀娟訪談		320	
GB064	大家都站著	熊秉元		250	
GB065	惜緣	王端正		220	
GB066	傳燈—星雲大師傳	符芝瑛		360	
GB067	出走紐西蘭—一個母親的教育實驗	尹萍		240	
GB068	誠信—林洋港回憶錄	官麗嘉		360	
GB069	讓好人出頭—王建煊的從政理念	王建煊		320	
GB070	頂尖人物成功之路	李慧菊　等		240	
GB071	大是大非—梁肅戎回憶錄	梁肅戎		360	
GB072	永遠的春天—陳香梅自傳	陳香梅		360	
GB073	郝總長日記中的經國先生晚年	郝柏村		360	
GB074	我心永平—連戰從政之路	林黛嫚		300	
GB075	大愛—證嚴法師與慈濟世界	丘秀芷		360	

書號	書　　名	作者	譯者	定價	備註
BP046	造就自己	莫里斯	周旭華	300	
BP047	阻力最小之路	弗利慈	徐炳勳	320	
BP048	辦公室男女對話	坦南	黃嘉琳	320	
BP049	錯把太太當帽子的人	薩克斯	孫秀惠	320	
BP050	火星上的人類學家	薩克斯	趙永芬	340	
BP051	開啓希望之門	派恩	蕭富元	200	
BP052	生死之歌	雷凡	汪芸、于而彥	320	
BP053	誰是老闆—如何做個高效能的主管	波奇艾勒第	黎拔佳	240	

天下文化〈心理勵志系列〉

書號	書　　名	作者	譯者	定價	備註
BP001Y	樂在工作	魏特利　等	尹　萍	250	
BP004X	樂在溝通—做個會說話的上班族	白克	顧淑馨	250	
BP006X	人生，另一種解答	葆森　等	趙瑜瑞	250	
BP007X	與成功有約	柯維	顧淑馨	250	
BP008	長大的感覺，真好	帕翠生　等	尹　萍	150	
BP009	可以勇敢，也可以溫柔	史克蘿	何亞威	220	
BP010X	生涯挑戰101—做工作的主人	迪梅爾　等	李淑嫻	250	
BP011X	腦力激進—十二週成長計畫	莎凡　等	李芸玫	250	
BP013	一躍而過	麥考梅克　等	顧淑馨	220	
BP014	愛與被愛	霍克	劉毓玲	200	
BP016	資訊創意家	川勝久	呂美女	200	
BP017	自助保健	希爾絲	邱秀莉	200	
BP020X	生涯定位	卡維、德金　等	黃孝如	250	
BP021X	21世紀工作觀	麥考比	李瑞豐	250	
BP022X	全心以赴	柯維	徐炳勳	300	
BP023	樂在談判	貝瑟曼　等	賓靜蓀	220	
BP024	看，錢在說話	亞伯朗斯基	盧惠芬	280	
BP025	魅力，其實很簡單	瑞吉歐	蕭德蘭	220	
BP026X	快樂，從心開始	契克森米哈賴	張定綺	300	
BP027	志在奪標	魏特利	邱秀莉	220	
BP028	開拓創意心	辛妮塔	莊勝雄	250	
BP029X	有聲有色做溝通	華頓	譚家瑜	300	
BP030	破解工作苦	史崔瑟·西奈	蕭德蘭	220	
BP031	激發決策腦	道森	盧惠芬	250	
BP032	其實你真的聰明	艾波思坦　等	蕭德蘭	250	
BP033X	扣準時機的節奏	魏特利	朱偉雄	280	
BP034X	夢想，改造一生	布朗	陳秀娟	280	
BP035	全面成功	金克拉	陳秀娟	300	
BP036	駕馭變局十二法則	歐力森	李宛蓉	280	
BP037	心靈地圖(修訂版)	派克	張定綺	250	
BP038	與心靈對話	派克	張定綺	280	
BP039	熱情過活	歐爾	黃治蘋	300	
BP040	寂寞的，不只是你	古屋和雄	唐素燕	240	
BP041	親愛的，爲什麼我不懂你	葛瑞	蕭德蘭	300	
BP042	相愛到白頭	葛瑞	黃孝如	320	
BP043	頑石也點頭	傑立森	趙永芬	250	
BP044	人生四季之美	日野原重明	高淑玲	200	
BP045	活在當下	安吉麗思	黎雅麗	300	

書號	書　名	作者	譯者	定價	備註
CB123	覺醒的年代—解讀弔詭新未來	韓第	周旭華	300	
CB124	第五項修練Ⅱ實踐篇(上)—思考、演練與超越	彼得·聖吉	齊若蘭	460	
CB125	第五項修練Ⅱ實踐篇(下)—共創學習新經驗	彼得·聖吉	齊若蘭	460	
CB126	我看英代爾—華裔副總裁的現身說法	虞有澄　等		360	
CB127	個人公關	蘿安	李淑嫻	240	
CB128	公關高手—經營人際關係的藝術	蘿安	李淑嫻	240	
CB129	不流淚的品管	克勞斯比	陳怡芬	280	
CB130	電腦王國R.O.C.—Republic of Computers的傳奇	黃欽勇		280	
CB131	數位革命—011011100101110111…的奧妙	尼葛洛龐帝	齊若蘭	320	
CB132	創意成真—十四種成功商品的故事	拿雅克　等	譚家瑜	360	
CB133	亞洲大趨勢	約翰·奈思比	林蔭庭	340	
CB134	企業推手	戴維斯　等	周旭華	250	
CB135	策略遊戲	希克曼	楊美齡	340	
CB136	行銷之神—佳能怪傑瀧川精一的故事	瀧川精一、卡拉爾	趙永芬	200	
CB137	行銷172誡	克藍希、舒爾曼	周怜利	380	
CB138	超越管理迷思—重新探索管理真諦	艾克斯　等	方美智	340	
CB139	再造宏碁	施振榮、林文玲		360	
CB140	漫步華爾街	墨爾基	楊美齡	420	
CB141	異端者的時代	大前研一	劉天祥	220	
CB142	時間陷阱	麥肯思	譚家瑜	320	
CB143	目標	高德拉特、科克斯	齊若蘭	460	
CB144	標竿學習—向企業典範借鏡	史平多利尼	呂錦珍	320	
CB145	國家競爭優勢(上)	波特	李明軒　等	500	
CB146	國家競爭優勢(下)	波特	李明軒　等	500	
CB147	競爭力手册	高希均、石滋宜		160	
CB148	動力東元—馬達轉出無限生機	東元科技文教基金會		280	

國外訂購價格（含郵費）

航空／歐、美、日等地區　定價×1.8

香港、澳門　定價×1.6

水陸／歐、美、日等地區　定價×1.6

香港、澳門　定價×1.4

- 購買總金額在新台幣1000元（含1000元）以下者，請加付手續費新台幣200元。
- 請以美金支票付款，支票抬頭請開Commonwealth Publishing Co., Ltd.。
- NT.$25.00＝US.$1.00。

國立中央圖書館出版品預行編目資料

傳燈：星雲大師傳 = Handing Down the Light: The Biography of Venerable Master Hsing Yun/符芝瑛著.--第一版.--臺北市：天下文化出版；[臺北縣三重市]：黎銘總經銷, 1995 [民84]
面；　公分.--（社會人文；66）
ISBN 957-621-253-7（平裝）

1. 釋星雲－傳記

229.386　　84000358

社會人文66

傳燈—星雲大師傳

作　者／符芝瑛
責任編輯／杜晴惠
美術編輯／李錦鳳
封面設計／吳毓奇
照片提供／佛光山
封面攝影／郭乃雄
社　長／高希均
發行人／王力行
法律顧問／理律法律事務所陳長文律師、太穎國際法律事務所謝穎青律師
出版者／天下文化出版股份有限公司
地　址／台北市104松江路87號七樓
電　話／(02)506−4618
直接郵撥帳號／1326703-6號　天下文化出版股份有限公司
電腦排版／極翔企業有限公司
製版廠／利全美術製版股份有限公司
印刷廠／沈氏藝術印刷股份有限公司
裝訂廠／台興裝訂廠
登記證／局版台業字第2517號
總經銷／黎銘圖書有限公司　　電話／(02)981−8089

著作完成日期／1994年11月
出版日期／1995年1月30日第一版
1996年11月30日第一版第18次印行（275,001～300,100本）
定價／360元
英文書名／**Handing Down the Light**
——The Biography of Venerable Master Hsing Yun(暫譯)

Published by Commonwealth Publihing Co., Ltd.
ISBN：957-621-253-7